채용 트렌드
2023

채용트렌드 2023

초판 1쇄 인쇄 2022년 11월 4일
초판 1쇄 발행 2022년 11월 16일

지은이 윤영돈
펴낸이 이범상
펴낸곳 (주)비전비엔피 · 비전코리아

기획편집 이경원 차재호 김승희 김연희 고연경 박성아 최유진 김태은 박승연
디자인 최원영 한우리 이설
마케팅 이성호 이병준
전자책 김성화 김희정
관리 이다정

주소 우)04034 서울시 마포구 잔다리로7길 12 (서교동)
전화 02)338-2411 | **팩스** 02)338-2413
홈페이지 www.visionbp.co.kr
인스타그램 www.instagram.com/visionbnp
포스트 post.naver.com/visioncorea
이메일 visioncorea@naver.com
원고투고 editor@visionbp.co.kr

등록번호 제313-2005-224호

ISBN 978-89-6322-194-6 13320

도서에 대한 소식과 콘텐츠를
받아보고 싶으신가요?

JOB TREND

채용 경험이 만드는 일하는 방식의 변화

채용 트렌드 2023

윤영돈 지음

비전코리아

2023년 채용 트렌드는
어떻게 달라질 것인가?

코로나19 사회적 거리두기가 전면 해제된 이후 채용 트렌드는 어떻게 변화할 것인가?

메타버스 시대가 도래하면서 현실 공간과 가상 공간의 경계는 더욱더 모호해지고 있다. 채용 박람회, 채용 설명회, 채용 면접 등 메타버스 채용은 이미 대세가 되었다. 특히 '리모트 워크(Remote Work, 업무 스타일에 맞춰 다양한 공간과 장소에서 자유롭게 일하는 원격 근무의 한 형태)'와 '직원복지'가 결합하면서 여행지에서 업무를 보고 휴식을 즐기는 새로운 근무 형태 '워케이션(Workation: Work + vacation)'이 급속도로 확산되고 있다.

'디지털 전환(DX: Digital Transformation)'이 정보기술(IT: Information Techrology) 기업을 필두로 대기업, 중견기업, 공공기관까지 확산되면서 인공지능(AI: Artificial Intelligence), 사물인터넷(IOT: Internet of Things), 빅데이터, 블록체인, 클라우드 컴퓨팅, 모빌리티, 소셜미디어, 사이버 보안 등이 중요해지고 있다. '가상현실(VR: Virtual Reality)'을 통해 게임뿐만 아니라 실습, 교육, 면접 등 가상의 경험들이 현실과 긴밀히 연결되고, '증강현실(AR: Augmented Reality)'을 통해 현실 배경에 3차원 가상 이미지를 겹칠 수 있게 되면서 인터넷 지도 검색뿐만 아니라 포켓몬 고, 이케아 플레이스, 사진 앱 스노우 등 한층 진화된 상호작용이 가능해졌다. 또한 비행기 엔진을 실물 크기로 재현해 정비사 교육에 쓰는 일본항공(JAL), 현장검증 시 3D로 촬영하고 홀로렌즈를 활용해 수사를 진행하는 영국 경찰 등 가상과 현실 두 세계가 공존하는 '혼합현실(MR: Mixed Reality)'이 펼쳐지고 있다. 더 나아가 가상 공간이 실제 현실로 착각할 만큼 정교해지면서 가상현실, 증강현실, 혼합현실을 아우르는 '확장현실(XR: eXtended Reality)'까지 뻗어 나가고 있다. 이처럼 급부상하는 메타버스에 어떻게 유연하게 대처하느냐가 중요한 시점이다.

스토리텔링의 종말이 시작되었다

자신의 경험이 전부인 양 충고하며 가르치려 드는 상사들이 전달하는 '스토리텔링(storytelling)'이 더 이상 먹히지 않고 있다. 이제 '스토리리빙(StoryLiving)'의 시대다. 단순히 이야기를 전달하는 시대는 끝났다. 이야기 자체가 일상이 되고 이를 공유하는 스토리리빙이 실현되고 있다.

2022년 채용 트렌드의 핵심 키워드가 'MZ세대가 바꾸는 채용 문화의 변화'였다면 2023년은 스토리의 지형이 변화하는 시기가 될 전망이다. 예전에는 채용이 조직에 들어올 사람을 뽑는 통과의례였다면 최근의 채용은 합격 여부를 떠나 지원자가 조직 문화를 온몸으로 경험하는 장이 되고 있다. 이제 채용을 단순히 구조화된 프로세스로 이해하는 데서 벗어나 잠재고객과 직원의 경험으로 이해하는 관점이 필요하다.

회사 이름만 보고 지원하는 시대는 지났다. 회사 이름보다 채용의 브랜딩이 중요하다. 불공정한 채용으로 악명을 떨치는 회사에는 지원하지 않는 Z세대가 늘고 있다. Z세대의 관심사나 취향을 묻거나 유연한 조직 문화, 복지 제도 등으로 마음의 문을 열어야 한다. 일방적으로 전달하는 방식인 스토리텔링의 시대가 저물어가고, 참여자와 함께 만들어가는 스토리리빙의 시대가 오고 있는 것이다.

채용 전반에 채용 브랜딩 전략이 도입되면서 우리가 보고 느끼는 모든 것에 대한 스토리가 공유되고 향유된다. 메타버스 같은 가상현실상에서 면접을 보고 서로에 대한 평가를 내리는 게 더 이상 낯설지 않은 시대다. '스토리텔링'이 작가나 감독에 의해서 선형적으로 흘러가는 구조라면, '스토리리빙'은 참여자가 스토리에 직접 개입해 어떤 방향으로 이야기를 이끌어 나갈지 고르는 비선형적인 내러티브 방식이다. 모든 것에 내러티브가 존재하는 것은 아니다. 비선형적 내러티브는 어떠한 스토리도 담지 않을 수 있다. 일방적인 스토리텔링보다 참여하는 스토리리빙이 중요해지면서 이제 단순히 소통을 넘어서 삶을 향유하는 시대로 접어들고 있다.

《채용 트렌드 2023》의 부제는 '채용 경험이 만드는 일하는 방식의 변화'이다. 기업이 채용 공고를 독백하듯 전달하는 시대는 지나갔다. 단순히 스토리를 주입하려는 태도는 지양해야 한다. 채용 경험에서 사람들이 스토리를 만들고 이를 서로 공유하는 것을 브랜드가 촉진해야 한다. 스토리를 일방적으로 전달해서는 안 된다. 스토리로 관계를 만들어내는 '스토리리빙'의 시대가 시작되고 있다.

퇴사자와 아름답게 헤어지는 법

코로나를 통해서 전 세계 사람들은 삶에서 돌이킬 수 없는 경험을 했다. 미국, 영국 등에는 '대퇴사의 시대(the Great Resignation)'가 왔다. 코로나의 위협도 하나의 원인이 되었지만, 일을 단순히 생계 유지 수단으로 보던 과거와 달리 일 속에서 나름의 의미를 찾기 시작한 게 커다란 원인으로 작용했다.

2023년 대한민국에선 취업과 채용, 이직과 퇴사에서 이전에 전혀 경험하지 못한 '오프보딩(Offboarding)'의 변화가 시작될 것이다. '온보딩(Onboarding)'만 중요했던 시대는 이제 끝났다. 조직에 새로 들어오는 사람들을 잘 안착시키는 것도 중요하지만, 조직에서 떠나는 사람도 잘 관리해야 하는 '오프보딩'의 변화가 시작된 것이다. 오프보딩의 마지막 기억은 그동안의 좋았던 기억을 흔들어놓을 정도로 강력하다. 퇴사자에게 어떤 조직으로 기억되는지가 중요해지고 있다.

넷플릭스(Netflix)에는 회사를 떠날 때 '부검 메일(postmortem email)'을 남기는 문화가 있다. 수신인은 같이 근무한 직원들이다. 퇴사자가 초안을 작성한 뒤 직속 상사, 인사 담당자와 논의해서 완성한다. 메일에는 본인이 회사를 떠나는 이유, 회사에서 배운 것, 회사에 아쉬운 점, 앞으로의 계획, 넷플릭스에 전하고 싶은 메시지 등을 최대한 상세히 기록한다. 고위급 간부가 회사를 떠날 경우에는 오프라인 미팅 '부검 모임(postmortem meeting)'도 갖는다. 부검 메일의 장점은 분명하다. 퇴사자가 쓴 내용에서 회사의 문제점을 발견하고 고칠 수 도 있고, 다른 직원들이 퇴사자가 왜 떠나는지 알게 되어 근거 없는 소문이 사내에 퍼지는 것을 예방할 수 있다.

채용 브랜딩은 단순히 채용 경험만으로 만들어지지 않는다. 퇴사 자가 어떻게 인수인계해주느냐는 차후 그 자리를 맡게 되는 구성원 의 성과와도 연결된다. 이제는 퇴사자의 빈자리를 빠르게 채우는 것 보다 퇴사자와 아름답게 헤어지는 법을 연구해야 한다.

거꾸로 질문하면 다르게 보인다

사람을 뽑고 육성하는 것은 진짜 손이 많이 가는 일이다. 무조건 기존 방식을 따라가는 것이 아니라 상황에 따라서 뒤집기가 필요하 다. 2022년 채용 트렌드와 관련, 면접관과 면접자가 역할을 바꿔 진 행하는 '리버스 인터뷰(Reverse Interview)'가 주목받았다. 면접관이 구 직자에게 질문하는 기존 면접 방식에서 벗어나 구직자가 기업에 먼 저 질문하고 평가하는 새로운 방식의 '역면접'이다. 기업 임원들이 1990년대생 신입 사원을 멘토 삼아 밀레니얼 세대와 소통하는 '리 버스 멘토링'을 실시하는 것과 같은 맥락이다. 2023년에는 '리버스 리크루팅(Reverse Recruit)', 역채용 트렌드가 뜰 것이다. 채용 담당자가 지원자를 선택하는 것이 아니라 지원자가 회사를 선택하는 것이다.

채용 트렌드 키워드를 발표한 지도 벌써 네 해째다. 이 작업은 한 마디로 채용 트렌드 키워드를 통해 사람을 뽑고 조직에 안착시키고 그들을 제대로 성장시키는 일에 대한 성찰이었다. 채용 트렌드에 주목하는 사람들이 없던 시기에 채용 트렌드에 대해 집필하기 시작했다. 지난 4년 동안 기업의 채용 담당자와 취준생들을 만나면서 실제 채용 현장의 목소리를 전달하는 데 한몫했다고 자부한다.

《채용 트렌드 2023》에서 새롭게 제시할 10가지 키워드는 채용 브랜딩 시대, 메타버스 면접, 스토리리빙 시대, 워라블 전성시대, 리버스 리크루팅, 멀티포텐셜라이트 인재, 커리어 포트폴리오, 워케이션, 러닝 어빌리티 시대, 시니어 케어 등이다. 이들 10가지 키워드를 종합해보면 채용 트렌드를 관통하는 흐름이 바로 스토리텔링의 종말임을 알 수 있다. 일방적으로 전달하는 스토리텔링보다 쌍방향으로 참여해서 경험을 쌓는 스토리리빙의 시대가 오고 있다.

여러 기업들에서 구성원들의 '러닝 어빌리티(learning ability)'가 확산되고 있다. 직원들의 직무 스킬을 업그레이드하는 '업스킬(upskill)'과 새로운 스킬을 교육시키는 '리스킬(reskill)'이 중요해지면서 '러닝 어빌리티'가 뜨고 있다. 경력보다 학습 능력이 중요한 시대가 되면서 멀티포텐셜라이트(Multipotentialite) 인재가 주목받고 있다. 이들은 다양한 관심사를 가진 '융복합적' 인재라 할 수 있다. 취업은 결국 포트폴리오로 당락이 결정되게 마련이다. 커리어 포트폴리오의 시대다. 또한 덕업일치 전성 시대로 취미가 직업이 된다. 게다가 풍경 좋은 휴가지에서 일하는 '워케이션'의 시대. 초고령화 시대에 시니어 케어는 빼놓을 수 없는 키워드다.

앞으로 다가올 5년은 세상을 놀라게 할 급격한 변화로 채워질 것이다. 2023년 채용 트렌드는 지원자가 회사 홈페이지에 접속해서 채용 과정을 겪고 회사에 잘 적응하면서 일하다가 퇴사할 때까지 어떤 스토리가 공유되고 향유되는지가 중요하다. 채용은 기업에는 자신의 브랜드 스토리를 알리는 과정이 될 것이며, 지원자에게는 개인의 스토리 조각을 맞출 수 있는 기회의 장이 될 것이다. 우리에게 닥친 위기는 사실 기회인지도 모른다. 이 책에서 소개하는 채용 트렌드 10가지 키워드를 지침으로 삼아 당신이 펼치고 싶은 스토리를 생생하게 움직일 수 있기를 소망한다. 스토리리빙의 시대로 초대한다.

part **2**

What

코로나로 바뀐 채용 트렌드 10대 키워드

part **3**

How

part 1

Why

우리는
스토리를 공유한다

채용 트렌드는 '일하는 방식'이 아니라 '새로운 경험'을 만든다

채용 과정을 거쳐 뽑은 사람이 '건초'인지 '바늘'인지 구분하기란 매우 어려운 일이다. '바늘'인 줄 알고 뽑았다가 '건초'라고 해서 내보내기도 쉽지 않다. 지원자 입장에서 채용 과정은 채용 담당자와 면접관을 통해 그 기업을 직접 만나볼 수 있는 소중한 기회다. 이처럼 채용 과정의 중요성이 커지고 있는 가운데 뽑는 사람과 뽑히는 사람 간의 줄다리기 역시 점점 심해지고 있다.

채용 경험에 대한 기억은 우리 삶에 뿌리 깊게 남는다. 지원자가 채용 공고를 보고 해당 기업에 지원하기 위해 접속한 홈페이지에서부터 지원서 작성, 서류 전형, 면접 전형에서 느낀 경험은 나중에 그 회사의 서비스나 제품을 살 때 고스란히 반영된다. '물질'에 돈을 쓰는 것보다 '경험'에 돈을 지불할수록 만족도는 높아진다. 지원자의 경험이 소비자의 경험으로 연결되어 고용주 브랜드로 구체화될 뿐만 아니라, 다른 사람과 연결되어 회사의 평판을 만들어내기도 한다. 이처럼 채용 경험은 다양한 경로로 지원자의 기억에 남아 평생을 지배한다. 채용 경험 자체는 순간적이지만 그 경험이 만들어내는 기억은 질기도록 오래 지속된다.

2021년 채용 트렌드에서는 코로나가 바꿔놓은 '방식(method)'이 특징이었다면, 2022년 채용 트렌드에서는 MZ세대가 주축되면서 그들이 바꿔놓은 '경험(experience)'이 눈길을 끈다. 한번 경험한 것을 경험하지 않은 상태로 바꾸기는 어렵다. 그동안 일하는 방식이나 기술에 초점을 맞췄다면, 이제 그 기술을 활용해 어떤 경험을 할 수 있도록 할 것인지로 이동하고 있는 이유다.

예를 들어, 인적자원 관리(HR: Human Resource Management) 담당자는 인공지능을 인력 채용에 적용하려면 어떠한 서비스가 존재하는지 알아야 하고, 어떻게 적용해서 경험할 수 있을지 고민해야 하며, 적용 후 어떠한 효과가 있는가를 측정해야 한다. 다시 말해, 지원자가 회사에 들어와서 퇴사할 때까지 어떤 경험을 할 수 있는지 고민해야 하는 관점으로 전환해야 한다.

채용은 양보다 질이 중요하다

2022년 채용 트렌드에서는 그 어느 때보다 '딥택트(deeptact) 채용'을 중요시했다. 언택트(untact)라고 해서 무조건 좋은 것은 아니다. 직접 연결하지 않으면서도 깊은 관계를 추구하는 딥택트는 어떤 연결이든 관계의 양보다 질을 더욱더 중요하게 생각한다.

2022년 가장 주목받은 채용 트렌드를 손꼽는다면 아마도 '리버스 인터뷰'일 것이다. 면접관의 갑질과 채용 비리로 기업 이미지가 큰 타격을 입고 있는 상황에서 역발상으로 '역면접' 트렌드가 떠올랐다. 면접의 트렌드가 이렇듯 변화하는 이유는 우수한 지원자일수록 지원하는 회사가 자신의 전문성을 살리고 성장시키는 데 도움이 될지 거꾸로 면접을 보고 판단하기 때문이다.

이제 채용 트렌드는 MZ세대가 조직에 어떻게 안착할 수 있는지 고민하는 방향으로 바뀌고 있다. 고객 경험보다 직원 경험이 더 중요해지고 있다. 결국 외부 고객보다 내부 고객을 어떻게 끌어들이느냐가 기업의 성패를 좌우하는 것이다.

특히, 우리나라에도 '폴리매스(Polymath)형 인재상'이 등장하고 있다. 폴리매스형 인재란 한 우물만 파는 것이 아니라 다재다능한 사람을 말한다. 시대가 요구하는 이 같은 인재상이 되기 위해서는 여러 분야에 호기심을 갖고 경계를 허물면서 다양한 분야를 연결시킬 수 있는 안목을 길러야 한다. 폴리매스형 인재들은 각 분야를 넘나들며 새로운 시대를 이끌어갈 전망이다. 이와 관련, '경력 사다리(Career Ladder)'가 사라지면서 '커리어 모자이크(Career Mosaic)'를 쌓아야 한다는 지적이 나오고 있다. 커리어 모자이크는 얼핏 아무런 연관성 없어 보이는 조각들을 잘 맞춰 자신의 전 생애에 걸쳐 직업이나 경험들을 취합해 나가는 것을 말한다. 성장 욕구보다 자유로움을 추구하는 커리어 모자이크 트렌드는 앞으로 더욱더 확산될 전망이다.

《채용 트렌드 2022》에서 제시한 10가지 키워드는 딥택트 채용, 메타버스 채용 박람회, 소셜 리크루팅, 리버스 인터뷰, 워러밸 전성시대, 폴리매스형 인재, 커리어 모자이크, ESG 경영, 직원 경험 시대, 시니어 시프트 등이었다. 이들 10가지 키워드를 종합해보면 채용 트렌드를 관통하는 흐름은 바로 '경험'의 변화로 요약할 수 있었다. 어디서 일하느냐보다 어떤 경험을 쌓느냐가 더 중요하다. '경험'의 변화를 대변하는 문장이다.

'딥택트 채용'이 뜨는 이유는 온라인과 오프라인을 통합하면서도 양보다 질을 중요시하면서 채용의 질을 따지기 때문이다. 면접 트렌드는 점차 직접 만나서 뽑는 대면 채용 문화에서 접촉하지 않고 접속하는 메타버스 채용, 소셜 리크루팅 등 비대면 채용 문화로 변하고 있다. 리버스 인터뷰, 커리어 모자이크 등 MZ세대의 특징 또한 적극적으로 반영되고 있다. 2022년 채용 트렌드는 개인의 일과 학습의 균형을 맞추면서 단순한 일자리를 넘어서 학습 경험까지 쌓을 수 있는 워러밸 전성 시대로 요약할 수 있다. 또한 폴리매스형 인재, ESG 경영, 직원 경험 시대 등 기업들의 조직 문화가 변함에 따라 채용 문화도 변하고 있다. 이밖에 사회가 점차 고령화되면서 경제의 중심이 시니어 시프트로 옮겨가고 있다. 세대간의 소통이 중요해지는 대목이다.

Job Trend 01 관계의 양보다 질로 승부하는 '딥택트 채용'

2022년 채용 트렌드로 '언택트'에서 한 단계 더 발전한 '딥택트'가 등장했다. 이는 '딥(Deep) + 언택트(Untact)'를 합친 단어다. '사람은 직접 보고 뽑아야 한다'는 식의 면대면 채용 방식에서 화상면접, 온라인 인적성 검사, 랜선 박람회 등 다양한 비대면 채용 방식이 나타난 것이다.

코로나 이후 '언택트'는 전 세계를 하나로 묶으면서 일상으로 받아들여졌다. 채용 방식에도 언택트 방식이 활용되면서 수많은 지원자를 상대적으로 짧은 시간에 평가할 수 있게 되었지만, 어떻게 평가의 질을 올릴 것인가 하는 문제가 대두되면서 이른바 '딥택트'의 시대가 펼쳐졌다. 언택트 채용에서 기업과 지원자 사이의 소통 만족도를 끌어올리는 것이 바로 딥택트 채용의 핵심이다. 이를 위해 유의미한 언택트 채용 방식을 구현하고, 면접관과 지원자가 직접 대면

하지 못하더라도 건성으로 면접을 보는 것이 아니라 지원자와 깊은 관계를 만들 수 있는 딥택트 채용이 더욱더 확산되고 있다.

신한카드는 지원자의 내재화된 역량을 평가하는 데 초점을 맞췄다. 이런 방침에 따라 서류 전형부터 소위 스펙을 정량적으로 채점하지 않는다. 자기소개서에 스펙을 나열하면 오히려 좋은 평가를 받을 수 없다. 개인의 핵심 역량을 중심으로 어떤 성과를 낼 수 있는지 설명해야 한다. 디지털 역량도 빼놓을 수 없는 평가 요소다. 새로운 기술이 가져올 변화에 대한 통찰을 준비해야 한다. 더 나아가 신한카드가 나아갈 방향을 고민해 접목 기술을 융합적인 사고로 표현해야 좋은 평가를 받을 수 있다.

신한카드의 채용 전략은 새로운 환경과 고객을 이해하는 '딥택트 전략'이다. 뉴노멀(New Normal) 시대에 맞게 고객들에게 차별화된 경험을 제공하고 확산시켜야 한다는 것이다. 새로운 환경과 고객을 이해하는 깊이 있는 전략을 바탕으로 카드·할부금융 사업 등 근본적인 경쟁력 강화와 함께 디지털 경쟁자들을 앞설 수 있는 확실한 실행력을 보여줘야 한다. 아울러 신한카드는 빠르게 변하는 시대의 새 주인인 MZ세대를 위한 사업에도 심혈을 기울이고 있다.

신한카드에서 말하는 '딥택트'란, 디지털(Digital)·이코노믹(Economic)·익스텐디드(Extended)·퍼스널라이즈드(Personalized), 컨택트(Contact) 의 약자로 4대 어젠다를 포함한 개념이다.

딥택트 채용뿐만 아니라 딥택트 러닝 프로그램도 선보이고 있다. 블룸비스타를 운영하는 현대종합연수원은 언택트 시대에 맞춘 '딥택트 러닝(Deeptact Learning)'을 통해 대면보다 깊은 연결을 추구하며 이러닝의 한계로 지적돼온 요소들을 극복해가겠다는 포부를 밝혔다. 팀별 학습 촉진자를 배치해 교육 참여도를 높이고, 학습자간 네트워크를 강화하기 위한 랜선 회식을 마련한 것도 특징이다. 이렇듯 온라인과 오프라인의 장점을 융합한 결과, 신청 기관과 단체 등으로부터 긍정적 평가를 받고 있다. 채용뿐만 아니라 교육에서도 콘텐츠 전문성을 높인 '딥택트'가 주목받고 있는 것이다.

아예 인재 영입을 위한 인수, 즉 '애크하이어(acqhire: acquire+hire. 인재 확보를 위한 기업 인수합병)'로 채용 영역의 의미가 더욱더 강화되고 있다. 네이버는 2020년 비닷두(V.DO)를 인수했다. 비닷두는 서울대 석·박사 출신들이 설립한 컴퓨터 비전(인공지능의 한 분야로 컴퓨터로 시각 데이터를 처리하는 기술) 분야의 인공지능 스타트업이다. 비닷두 출신들은 네이버웹툰의 콘텐츠 경쟁력을 강화하기 위해 여러 웹툰 관련 기술을 고도화하고 있다.

언택트로 관계의 양은 많아졌지만 관계의 질은 그다지 좋지 않다. 그런 욕구를 담고 있는 키워드가 바로 '딥택트'다. '피상적 작업(shallow work)'으로는 시간만 낭비할 뿐이다. 비대면 채용에서 면접관이 지원자의 역량을 알아보는 것은 결코 쉽지 않은 일이다. 기업에 있어 언택트는 단순히 비대면 시스템 개발이 아니라 오프라인 중심 대면 사업과 온라인 사업을 조합하는 '딥택트'를 통해 어떠한 장벽까지 허물 수 있는지 '언리미트(Unlimited)'를 실험하는 장으로까지 진화할 전망이다.

가상 세계에 참여하는 '메타버스 채용 박람회'

2022년 MZ세대를 겨냥한 '메타버스 채용'이 나타났다. 메타버스는 가상을 뜻하는 '메타(Meta)'와 현실 세계를 의미하는 '유니버스(Universe)'의 합성어로, 현실과 가상 세계를 혼합한 공간을 의미한다. 갑자기 메타버스 채용 박람회가 뜨고 있는 이유가 뭘까. 화상 채용 박람회를 할 때는 여러 명을 계속 바라보면서 진행해야 하기 때문에 피로감이 높아지고 집중하기도 어렵다. 하지만 메타버스에 아바타로 참여하면 마치 보호막이라도 생긴 것처럼 편안함과 심지어 재미까지 느낄 수 있다.

2022년 시행된 메타버스 채용 박람회에는 수천 명의 학생들이 모여들어. 서울대 · 연세대 · 고려대 · 서강대 · 성균관대 · 한양대 등의 메타버스 플랫폼 '게더타운(Gather Town)'에서 열리는 취업 박람회에 첨단 기술을 적극 활용한 새로운 구인 · 구직 풍속도가 등장한 것이다.

메타버스 채용 설명회의 장점은 참가자 수에 제한이 없고, 개별 아바타가 지원자 본인이 원하는 프로그램을 선택해 주도적으로 참여할 수 있으며, 일대일 문의와 상담이 언제든 가능하다는 것이다. 메타버스는 채용 설명회, 면접, 신입 사원 연수에 이르기까지 HR 전체에 활용되고 있다. 가상 공간에서 아바타가 면접을 보는 '메타버스 채용 시대'가 온 것이다.

아바타로 접속할 수 있는 메타버스라는 가상 공간에서 청중 수백 명을 대상으로 채용 설명회가 진행된다. 인사 담당자가 대형 컨퍼런스 홀에서 기업 문화 등을 설명하고 청중의 질의응답을 받는다. 박수를 유도하거나 감정 표현을 할 수도 있다. 이곳을 찾은 아바타 상단의 이름표가 명찰 역할을 한다. 실제 채용 설명회처럼 무대 중앙 대형 스크린을 통해 발표 자료를 전달한다. 기조연설 후에는 부서에 따라 소그룹으로 나눠 업무 소개를 하고 일대일 질의응답 기회를 제공한다.

메타버스 기술은 딱딱하고 긴장감이 맴돌던 면접장의 분위기도 바꿨다. 고가의 의상이나 구두, 헤어·메이크업 대신 아바타로 자신의 개성을 대변한다. 실제 오프라인 상담 부스 개설 비용을 절감하면서 오히려 상담에만 집중할 수 있게 됐다. 학생들 또한 오프라인 취업 박람회에 참석했을 때보다 질문도 더 편하게 한다.

삼성전자는 신입 채용 구직상담에 메타버스 플랫폼을 적용했다. 대졸 신입 채용 시 MZ세대 구직자들과 적극적으로 소통하기 위해 메타버스 플랫폼을 활용한 일대일 직무 상담을 실시했다. 구직자들은 메타버스 플랫폼에서 관심 있는 사업부의 직무에 대해 일대일로 직무 상담을 받거나, 사업부별 직무 소개 영상을 시청하는 등 여러 프로그램을 이용할 수 있다.

LG는 메타버스 사업을 본격화하면서 계열사들이 해외 인재를 채용하는 데 메타버스를 활용하고 있다. LG이노텍도 이틀간 게더타운을 통해 메타버스에서 채용 설명회를 진행했다. 참가 대상은 해외 대학 이공계 석박사와 포스트닥터(Post Doctor · 박사 후 과정) 등이다. LG이노텍은 인공지능, 시뮬레이션, 광학, 기판 소재, 차량 부품 등 전 사업 분야에서 채용 설명회를 진행했다.

메타버스 기술을 가장 잘 활용한 기업은 부동산 플랫폼 직방이다. 직방은 메타버스 플랫폼 '메타폴리스'를 자체 개발해 HR은 물론 업무 전반에 활용하고 있다.

엔씨소프트는 MZ세대에게 새로운 팬덤 문화를 제공하기 위해 '유니버스'를 선보였고, 넥슨은 이틀간 메타버스 플랫폼 게더타운에서 온라인 채용 설명회 '채용의 나라'를 개최했다. 채용 설명회의 시작은 여느 게임과 다름없었다. 아바타를 생성하자마자 조선 느낌이 물씬 풍기는 가상 세계가 펼쳐졌다.

SKT는 누적 가입자 300만 명을 뛰어넘는 기존 메타버스 플랫폼 '점프 버추얼 밋업(Jump Virtual Meetup)'을 운영해온 노하우를 바탕으로, 사용 편의성을 높이고 MZ 세대의 니즈에 맞춘 서비스 기능을 대폭 강화한 새로운 메타버스 플랫폼 '이프랜드(ifland)'를 선보였다.

포스코건설도 메타버스 플랫폼을 활용해 인천 소재 대학생을 대상으로 청년 취업 문제 해결을 위한 4주간의 비대면 인턴 실습 프로그램을 진행했다.

코로나 팬데믹으로 비대면이 일상이 된 가운데, 가상과 현실이 공존하는 메타버스는 앞으로도 계속 확산될 전망이다. 이런 흐름에 따라 최근 기획재정부, 문화체육관광부, 과학기술정보통신부가 공동으로 메타버스 TF를 꾸렸다. 메타버스 산업과 관련, 정책적으로 지원할 부분을 살피고 궁극적으로 메타버스 정부까지 도모할 전망이다.

SNS를 통해 채용 경로 다각화하는 '소셜 리크루팅'

2022년 채용 시장은 유튜브, 링크드인, 인스타그램, 페이스북, 블로그, 트위터, 네이버 밴드 등 채용 경로가 다각화된 '소셜 리크루팅' 전성 시대다. '소셜 리크루팅(Social Recruiting)'은 SNS(Social Network Service)를 활용한 채용 방식이다. 우리나라가 다른 어느 나라보다 소셜미디어 이용률이 높은 데 착안한 것이다.

시장조사업체 DMC미디어의 〈2021 소셜미디어 시장 및 현황 분석〉 보고서에 따르면 2021년 1월 기준 우리나라의 소셜미디어 이용률은 89.3%로, 세계 평균(53.6%)보다 약 1.7배 높다. 국내 주요 소셜미디어별 순방문자 수는 유튜브가 3766만 명으로 가장 많았고, 다음은 네이버 밴드(1965만 명), 인스타그램(1885만 명), 페이스북(1371만 명), 카카오스토리(919만 명), 트위터(517만 명), 틱톡(301만 명) 순이었다. 이 중 인스타그램과 트위터, 틱톡 이용자는 각각 전년 동월 대비 7.1%, 11.3%, 5.4% 증가했지만, 페이스북과 카카오스토리는 각각 17.2%, 15.5% 감소했다. 트위터에 이어 페이스북마저 정치적 이슈에 휘말리고 광고성 게시물이 범람하면서 염증을 느낀 젊은 세대들이 인스타그램과 유튜브로 이동하거나 중장년층이 청정 구역을 찾아 링크드인으로 몰려들고 있다.

신문이나 웹사이트에 채용 공고를 올리던 채용 방식이 잡코리아, 사람인, 커리어, 인크루트, 워크넷 등 채용 플랫폼을 이용하는 방식으로 변화하고 있다. 채용 플랫폼은 나라마다 다른 문화, 언어, 법규 등의 영향으로 세계가 단일 시장으로 묶이지 않는 산업 중 하나다. 이런 이유로 나라별 경계에 따라 서로 다른 기업들이 경쟁 구도를 형성하고 있다. 국내에서도 채용 플랫폼간 경쟁이 치열하다.

기존 채용 채널은 많은 비용과 시간이 소요됨에도 불구하고 정작 유용한 결과를 얻어 내지 못해 투자 대비 효과(ROI: Return on Investment)가 떨어진다는 문제점이 있었다. 특히 일방적으로 이루어지는 광고나 공고 형태이기 때문에 지원자들과 지속적이면서도 깊이 있는 관계를 맺기 어려웠다. 게다가 피상적인 사안만을 알 수 있는 한두 페이지의 이력서에서 벗어나 내면의 깊이 있는, 실제적인 정보를 얻기 어려워 특정 업무에 요구되는 적성을 지닌, 기업이 원하는 인재상에 걸맞은 사람을 뽑는 데 한계가 있었다. 최근 들어 채용 플랫폼들이 주목받는 이유다.

추천제 채용 정보 플랫폼 원티드(wanted.co.kr)는 지인이나 동료가 특정 기업에 구직자를 추천하고, 합격하면 보상을 해주는 서비스다. 2022년 현재 200만 명의 인재 풀과 1만여 개 파트너 기업을 보유하고 있다.

포스코는 직무별로 선배 사원이 직접 상담해주는 '소셜 리쿠르팅'을 운영하고 있다. 포스코 소셜미디어에 '기업 시민', '스마트팩토리', 'ESG 경영' 등 회사의 강점과 신입 사원들의 회사 적응기 등 다양한 채용 관련 콘텐츠를 게재하고 SNS를 이용해 구직자들과의 진정성 있는 소통을 해서 주목받았다.

인스타그램을 활용한 쌍방향 소통 역시 젊은 지원자들에게 호평을 받았다. 역지사지의 심정으로 구직자들의 마음을 헤아리고 응원하는 마음을 담아 직접 작성한 편지와 시 〈응원가〉는 수백여 개의 '좋아요'를 받았다.

포스코 생산기술직 채용 인스타그램 계정은 운영한 지 6개월 만에 4300여 명의 팔로어를 모았다. 이에 힘입어 생산기술직 채용에 예년 대비 2배 넘는 인원이 모여 우수 인재 영입에 대한 기대감을 높였다. 채용 진행 사항과 가점 요소, 서류 작성 가이드 등 채용 관련 정보를 카드뉴스 형태로 만들어 한눈에 알아볼 수 있게 정리한 것도 호평을 받았다.

인스타그램 메신저를 통해 채용 담당자가 일대일로 문의 사항에 실시간으로 답변해주거나 채용 상담을 해주는 이른바 'DM(Direct Message) 상담'도 선보였다. 채팅에 익숙하고 SNS를 활발히 이용하는 젊은 세대 지원자들의 특성에 맞는 눈높이 소통을 시도한 것이다. 입사 지원서가 제대로 접수됐는지 등 소소한 문의부터 직무 선정에 대한 고민 상담까지 실시간으로 이뤄졌다.

2022년 채용 플랫폼 시장은 이처럼 구직자와 기업의 니즈에 모바일 시장의 급성장이 더해져 빠르게 변화하는 추세로, 소셜 리크루팅은 메가 트렌드가 될 전망이다.

Job Trend 04 지원자가 회사를 걸러내는 '리버스 인터뷰'

2022년 채용 트렌드 중 가장 유명한 키워드는 바로 지원자가 면접관을 보는 시대, '리버스 인터뷰'다. 리버스 인터뷰란 면접자도 '잠재 고객'이라는 발상에서 비롯됐다. 면접관과 지원자의 역할을 바꾼 역지사지의 발상이다. 면접관의 갑질, 채용 비리로 기업의 이미지가 큰 타격을 입고 있는 상황에서 역발상으로 '역면접' 트렌드가 뜨고 있다. 우수한 지원자일수록 지원하는 회사가 자신의 전문성을 살리고 성장시킬 수 있는지 거꾸로 면접을 보고 판단하고 있다. 역으로 면접관을 면접하는 지원자들이 늘고 있는 시대다. 면접관 교육, 채용 전략 등을 통해서 '리버스 인터뷰' 채용 트렌드는 널리 퍼지고 있다.

리버스 인터뷰는 사실 '리버스 멘토링(Reverse Mentoring)'에 영향을 받았다. 리버스 멘토링이란 자신보다 아랫사람인 멘토가 멘티인 윗사람을 코칭하고 조언하는 것을 의미한다. 리버스 멘토링은 일대일로 진행되는 게 일반적이지만, 일대일, 다대다 등의 그룹 멘토링 형태로도 확장되어 활용되고 있다. 내부의 젊은 직원, 외부의 젊은 컨설턴트 등을 활용하는 등 리버스 멘토링은 형식에 얽매이지 않고 다양한 방식으로 진화하고 있다. 기성세대가 젊은 세대로부터 배우고 새로운 통찰을 얻겠다는 자세를 갖기 위해서 담대한 용기가 필요하다. 최근에는 '리버스 리더십(Reverse Leadership)'까지 발전하면서 MZ세대와 어떻게 일할 것인지가 화두로 떠오르고 있다. 그런 의미에서 틀을 깨는 리버스 트렌드는 메가 트렌드로 확장될 가능성이 크다.

리버스 인터뷰는 면접관 리스크를 줄이는 장점도 있다. 모 제약업체는 채용 면접에서 여성 면접자들에게 "군대에 가지 않으니 남자보다 월급을 적게 받는 것에 대해 어떻게 생각하는가?" 등의 성차별적 질문을 던진 뒤, 면접 후기가 SNS에 퍼지면서 불매 운동이 이어지는 등 사회적 논란이 됐다. 이에 해당 업체의 대표는 유사한 일이 재발하지 않도록 면접관에 대한 내부 교육을 강화하고 제도와 절차를 전반적으로 재검토하겠다고 사과했다. 이와 같이 지원자의 눈높이에 맞지 않는 면접관 리스크를 개선하기 위한 방안이 강구되고 있다.

대부분의 대기업이 채용 면접과 별개로 취업준비생을 모아 별도로 리버스 인터뷰 시뮬레이션을 진행하고, 실무 면접관의 태도나 질문 등에 대한 피드백을 받고 있다. 특히 롯데는 각 계열사 내 우수 인재를 면접위원으로 발탁하는 면접위원 인증 과정을 도입해 운영하고 있다. 2010년부터 시행된 이 과정은 채용 면접을 담당하는 면접위원을 체계적으로 육성하기 위한 제도다. 현재 그룹 내 2400여 명이 면접위원 자격을 유지하고 있으며, 매년 상하반기 두 차례 인증 과정을 거치고 있다. 면접위원 자격은 입사 6년 차 이상 간부급 직원에게만 주어진다. 이들은 먼저 부면접위원 인증 과정을 거쳐야 하는데, 이 과정 평가에 합격한 후 면접 경험을 3회 이상 쌓으면 주면접위원이 될 수 있는 자격을 얻는다. 주면접위원은 3일간 3가지 인증 과정을 거친다. 첫째 날은 면접 이론, 둘째 날은 면접 실습을 진행한 뒤, 마지막 날 실습 평가 시험을 치러야 한다. 실습 평가 결과에 따라 하위 20%는 탈락한다.

기업에 있어 면접 실무진 관리는 철저히 교육과 투자의 문제다. 인사 담당자는 채용 전후 취업준비생들의 온라인 카페를 모니터링하며 관련 교육을 개선하고 있다. 면접관 교육에 힘을 쏟는 이유는 면접을 보고 나간 지원자들이 곧 고객이기 때문이다. 면접 과정에서 불쾌한 경험이 발생하면 평생 고객을 잃을 수 있다고 보는 것이다.

리버스 인터뷰 트렌드가 거세지는 이유는 국내 기업들이 앞다퉈 도입 중인 리버스 멘토링의 영향을 받은 바 크다. 리버스 멘토링은 MZ세대를 깊이 이해하고 함께 발전할 수 있는 계기가 될 것으로 기대된다.

기업의 이미지는 사실 취업 후보자와 첫 대면하는 인사 담당자의 태도에서 시작된다고 해도 과언이 아니다. 권위적이고 구태의연한 질문을 하는 면접관의 태도 때문에 합격해도 입사를 거부하겠다는 지원자도 있다. 어떻게 보면 이른바 역면접을 보고 있는 것이다. 이에 기업들은 우수한 인재들이 면접관을 통해 회사를 파악하고 분석하면서 회사를 평가하고 있다는 전제하에 면접관들을 사전교육하고 있다. '가장 좋은 복지는 좋은 동료'라는 말이 있다. 어느 정도 경력을 쌓은 구직자들은 함께 일할 동료를 보고 직장을 선택한다. 입사지원자 중에는 인사 담당자나 면접관의 태도 때문에 그 기업의 이미지가 나빠졌다는 경우가 실제로 꽤 많다. '리버스 인터뷰' 채용 트렌드가 더욱 중요해질 것으로 보는 이유다.

Job Trend 05 일과 학습의 균형이 중요한 '워러밸 전성 시대'

일과 삶의 균형을 중요시하던 워라밸 시대는 갔다. 2022년 채용 트렌드와 관련, '워러밸'이라는 키워드가 주목받았다. '워러밸'이란

'일(Work)와 학습(Learning)의 균형(Balance)'이라는 뜻의 합성어다.

피터 센게가 《학습하는 조직》에서 "학습의 주체는 조직이 아니라 개인이며, 조직은 학습하는 개인을 통해서만 학습할 수 있다"고 이야기한 것처럼 일과 학습의 균형은 학교에서만 중요한 것이 아니라 조직에서도 중요하다.

코로나는 일과 교육의 균형을 무너트리는 큰 변화를 가져왔다. 학교가 문을 닫고, 회사는 재택근무 체제에 돌입했다. 일과 교육 시스템이 흔들리면서 무엇보다 일과 학습의 균형을 찾는 것이 중요해졌다. 리모트 워크 환경에서 전통적 교육의 효용성에 문제가 생기면서 워러밸은 더욱 주목받고 있다.

집에서 온라인 교육이 실시되면서 집중도 저하, 학습의 피드백 감소, 언택트 기반 콘텐츠를 개발하는데 필요한 인프라의 한계, 동영상 저작권 문제, 강사의 학습자 제어 한계, 학습 요구 미반영, 미숙한 화상 교육 진행 기술, 실험·실습·토론 등 경험 수업 부족, 화상 플랫폼의 불안정성, 속도 지연 및 잡음 대처 미흡 등 여러 가지 문제점이 불거졌다.

교육학에서는 하나의 사건이나 활동에 집중하는 시간을 '주의 집중 시간(Attention Span)'이라고 한다. 물론 개인차가 크고 관심도나 상황에 따라 달라질 수 있지만, 평균적으로 학습자의 발달 수준과 학습 내용의 구성 등을 고려해서 초등학교 40분, 중학교 45분, 고등학교 50분 등 학교별 수업 기준 시간을 설정했다. 오프라인 환경에서는 보통 50분 강의하고 10분 쉬었다면, 온라인 환경에서는 45분 강의하고 15분 쉬는 경우도 많다. 온라인 강의는 퀴즈, 자료 영상 시청 등 다양한 활동으로 구성되지만, 대면 강의 때보다 과제가 많아지고, 학생들로부터 '힘들다'는 피드백을 피하기 어렵다는 점 등 단점도 있다. 무엇보다도 학습은 '일터'와 '현장' 중심으로 조직의 스킬 요구 변화와 맞물려 워러밸 차원에서 이루어져야 한다. 이처럼 대면 학습과 비대면 학습의 균형이 차츰 중요해지고 있다.

전통적 교육은 다양한 변화를 도모하고 있다. 그중 하나로 '플립 러닝(Flipped Learning)'이 있다. 플립 러닝은 전통적 수업 방식을 뒤집어 수업 전에 온라인 영상 및 자료를 학습하고, 실제 수업은 토론이나 과제 풀이 중심으로 진행하는 수업 형태다. '블렌디드 러닝(Blended Learning)'은 온라인과 오프라인 학습 활동을 결합해 서로 단점을 보완하는 교육 방식이다. '하이브리드 러닝(Hybrid Learning)'은 원격의 학습자와 교실 공간의 학습자가 디지털 기술을 통해 소통하거나 면대면 수업의 일부를 온라인 원격교육으로 대체하는 방식이다. 교실이나 강의실에도 학습자들이 있고 동시에 온라인에도 학습자들이 있어서 서로 쌍방향 소통을 할 수 있도록 구성한 교육이라고 할 수 있다.

서울대 산업인력개발학 이찬 교수의 〈포스트 코로나 시대의 대한민국 워러밸 실태와 인적자원 개발(HRD: Human Resources Development) 전망〉에 따르면, 코로나 이후 직장 내 직무 교육은 줄었지만 성희롱·안전 등 법정 의무교육은 오히려 늘어난 것으로 나타났다. 비대면 교육이 늘어나면서 생각보다 언택트 교육의 효과성이 높았다는 긍정적인 반응도 있지만 강사와 학습자의 소통이 부족하고, 교육 기회가 줄었고, 집합 교육이 불가하다 보니 온라인 교육의 몰입도가 떨어질 수밖에 없다는 단점도 제기됐다.

코로나가 심각 단계로 격상되기 전과 후, HRD 환경에 급격한 변화가 있었음을 확인할 수 있다. 따라서 이러한 환경, 즉 원격 근무 및 비대면 근무 환경에 요구되는 핵심 역량을 살펴보는 것은 매우 중요한 일이다. 코로나가 심각 단계로 격상된 후 원격 근무 또는 비대면 근무 시 본인 및 상사에게 요구되는 역량을 조사한 결과, '나에게 요구되는 핵심 역량'은 '디지털 숙련(55.7%)', '유연한 사고(51.4%)', '데이터 활용(31.6%)' 역량 순으로 나타났다. '상사에게 요구되는 핵심 역량'은 '유연한 사고(60.8%)', '리더십(41.5%)', '디지털 숙련(39.2%)' 순으로 나타났다. 기업에서는 원격 근무 시 공통적으로 '유연한 사고'를 가지고 '디지털 숙련'을 해야 한다고 결론 지을 수 있다.

온라인 교육은 주의집중의 제한을 받을 수밖에 없다. 학습자의 지루함이 가장 큰 문제다. 따라서 주의집중을 높이기 위해 더욱더 노력해야 한다.

'리스킬링(Reskilling)'은 전혀 다른 역할을 수행하기 위해 새로운 기술을 배우는 것을 의미한다. 비즈니스 맥락에서 리스킬은 직원에게 새로운 기술을 가르치는 것을 뜻할 수도 있다. '업스킬링(Upskilling)'은 직원이 다른 업무를 수행하기 위해 추가 학습을 통해 관련 기술을 향상시키는 것을 의미한다. 리스킬링과 업스킬링은 대부분 기업의 재교육 프로그램에서 동시에 활용되면서 기업 교육의 화두로 부각되고 있다.

일과 학습의 균형은 코로나 이후 발생한 학습 격차를 보완하는 것으로 시작해야 한다. 학습력은 한번 뒤처지면 만회하기 어렵고 배

움으로 얻을 수 있는 기회의 손실로 이어질 가능성이 있다. 일과 학습의 균형, 워러밸을 고려해야 한다. 현재와 같은 비대면 시대에는 교육장이나 연수원으로 학습자를 불러 모으는 것이 아니라 디지털을 기반으로 한 HRD가 업무 현장으로 들어가야 한다. 다시 말해, 현장 중심 일터 학습의 중요성을 인지해야 한다. 이에 따라 일과 학습의 균형을 고려하는 것이 HRD 관점에서 해결해야 할 과제다.

Job Trend 06 한 우물만 파기보다 다재다능한 '폴리매스형 인재상'

2022년 '폴리매스'형 인재상이 주목을 받았다. 이제 한 우물만 파는 시대는 끝났다. 포스트 코로나 시대, 우리는 우리 안에 숨겨진 폴리매스 기질을 발견해야 한다. '폴리매스'란 박학다식한 사람으로, 여러 분야에 대해 많이 알고 있거나 백과사전식 지식을 지닌 사람이다. '여러 가지, 수가 많은'을 뜻하는 '폴리(poly)'와 '러닝(learning)'의 의미를 내포한 '매스(math)'가 결합한 단어다.

최근 포항공대(포스텍)는 새로운 인재상으로 폴리매스 인간형을 제시했다. 아울러 인문·사회학 전공자에게 인공지능 관련 지식을 가르치는 '소셜 데이터 사이언스 대학원'을 세웠다. 바이오 산업을 한 단계 업그레이드할 수 있도록 의사, 과학자를 양성하는 연구 중심 의과학대학원 설립도 추진하고 있다. 포스텍은 학생들이 자유롭게 전공을 경험하고 자신만의 맞춤 전공을 만들 수 있도록 무학과로 선발하고 학과 정원을 없앴다. 학생들은 전공이 맞지 않다는 생각이 들면 얼마든지 전과할 수 있다. 덕분에 학생들은 1년 동안 어떤 일을 할지 충분히 시간을 갖고 공부할 수 있다.

폴리매스형 인재는 잡학다식(雜學多識)한 제너럴리스트(generalist)가 아니다. 다양한 분야에서 전문성을 갖추고 활동하는 사람이다. 베스트셀러 작가이자 미래학자인 대니얼 핑크는 경계를 넘나드는 이들을 '바운더리 크로서(Boundary crosser)'라 명명했다. "바운더리 크로서들은 다양한 분야의 전문성을 개발하고, 다양한 언어를 구사하며, 다양한 인생 경험을 즐기는, 즉 '멀티라이브(multi-live)'를 영위한다."

현대차는 인공지능과 빅데이터를 활용해 지원자에게 적합한 직무와 채용 공고를 추천해주는 지원자 맞춤형 서비스를 제공하고 있다. 현재의 산업 환경에서는 인문학과 자연과학, 공학 등 다양한 전공 지식을 두루 갖춘 융합형 인재가 요구된다. 상·하반기 고정된 시점에 채용하는 기존 방식으로는 제조업과 정보통신기술(ICT: Information and Communication Technologies)이 융복합하는 미래 산업 환경에 맞는 인재를 확보하기 어렵다. 현대차는 인턴 선발도 기존 하계·동계 선발 방식에서 벗어나 연중 상시 채용 프로그램인 'H-익스피리언스'로 변경했다.

MZ세대의 부모님은 한 회사에 입사해 청춘을 바치고 정년을 보장받는 시대에 살았다. 하지만 요즘은 하나의 직업을 선택하는 경우는 있어도 하나의 회사만 다니는 사람은 찾아보기 어렵다. 취업 시장이 전환기에 놓인 것이다. 새로운 패러다임에 적응해야 하는 것은 MZ세대만의 과제가 아니다. 폴리매스로 타고난 인종이나 집단이

따로 있는 게 아니라는 의미다. 모든 인간은 폴리매스가 될 가능성을 타고난다. 사실은 폴리매스가 되어가는 것이 아니라 폴리매스로 되돌아가는 것이다. 폴리매스가 되는 일은 타고난 자신의 본질에 솔직해지는 일이며, 의식 속에서 찬란하게 빛나는 잠재성을 해방하는 일이다.

한 우물만 파는 것이 아니라 다재다능한 폴리매스형 인재가 인정받는 토대가 만들어지고 있다. 앞으로는 폴리매스형 인재가 다양한 분야를 넘나들며 경계를 허물고 연결을 통해 시대를 이끌어갈 전망이다.

경력 사다리를 버리고 자유로워지는 '커리어 모자이크'

코로나 이후 커리어 패러다임이 완전히 달라졌다. 옛날에는 줄을 잘 서면 '경력 사다리'를 잘 오를 수 있었다. 이제 '커리어 모자이크'의 시대다. 커리어 모자이크란 전체 모양을 만들기 위해 아무런 연관성 없어 보이는 조각들이 맞추며 자신의 전 생애에 걸쳐 직업이나 경험들을 취합해 나가는 것을 말한다.

존 크롬볼츠 스탠퍼드대 교수는 수많은 비즈니스맨들의 진로를 조사했다. 그 결과, 자신이 계획한 대로 성공한 사람은 20%에 불과했다. 80%는 우연히 만난 사람이나 예기치 않은 일이 기회가 되어서 성공했다. 쓸데없는 경험은 없다. 인생의 모든 사건에는 의미가 있다. '계획된 우연(Planned Happenstance)'이란 '계획'과 '우연'이라는 모순된 두 단어를 의도적으로 결합한 표현으로, 삶에서 만나는 다양한 우연이 긍정적인 효과를 가져와 그 사람의 진로에 연결된다는 뜻이다. 계획된 우연은 개인이 스스로 우연한 기회를 만들고, 이 기회를 잡아야 한다는 능동적인 개념이다.

삼성전자는 직원들이 부서장과 함께 개인의 성장 경로를 설계하고, 다양한 경력 프로그램을 활용해 성장을 지원하는 'STaR 세션(Samsung Talent Review Session)' 제도를 운영하고 있다. 직원들은 경력 개발 단계에 맞춰 경영학 석사(MBA: Master of Business Administration), 학술 연수, 지역 전문가, 인공지능 전문가 같은 다양한 양성 프로그램을 신청할 수 있다. 삼성전자는 또한 '잡 포스팅(Job Posting)' 제도를 두고 직원들에게 직무 전환 기회를 주는 한편 함께 경력 개발을 지원하고 있다. 잡 포스팅은 사내 시스템을 활용해 수시로 실시된다. 지난 3년 동안 2100여 명이 희망하는 직무로 전환해 조직과 개인 모두 윈윈(Win-Win)하는 효과를 거뒀다.

KT도 사내 인공지능 교육 프로그램인 '미래 인재 육성 프로젝트'를 통해 인재 리모델링에 나섰다. 인공지능·클라우드 교육으로 비개발자를 개발자로 전환하는 철저히 실무 기반 프로그램이다. 나이, 직급, 전공, 현업 분야 등 선발에 기준 제한은 없다. 약 6개월간의 교육 기간엔 기존 업무에서 제외시켜 공부에만 집중하도록 지원한다. KT에서 고객서비스(CS) 운영을 담당하던 50대 직원이 인공지능 개발자로 변신한 사례도 있다. 1기 64명, 2기 76명, 3기 200여 명이 KT의 '미래 인재 육성 프로젝트'를 통해 직무를 바꿨다. 이들은 인공지능 공부에 대해 "스스로에 대한 미래 투자"이기도 해 학습 동기가 높고, "기존 사업 방향과 서비스 등을 알고 있어 비정형 데이터 분석에 시너지 효과가 난다"고 말했다. 1기 교육생 중 한 명은 지난해 구글(Google)의 인공지능 경진 대회 플랫폼인 캐글(Kaggle)에서 마스터 등급을 받고 세계 랭킹 290위에 올랐다.

자신의 업무가 아니라 다른 업무를 하면서 경험의 조각을 맞춰 모자이크를 만들 수 있는 것이다. 각각의 경험 조각을 맞춰서 시너지를 내며 마스터피스를 설계할 수 있다. 내러티브 관점의 전환을 통해 성장의 욕구보다 자유로움을 추구하는 커리어 모자이크 트렌드는 더욱더 확산될 전망이다.

Job Trend 08 환경, 사회, 지배구조 등 비재무적 요소가 부각되는 'ESG 경영'

2022년은 착한 기업이 돈줄을 쥐는 ESG 경영 전성 시대다. ESG는 환경(Environment)·사회(Social)·지배구조(Governance)의 약자로, 기업의 비재무적 성과를 측정하는 지표다. '환경'은 탄소 배출, 기후 변화, 환경 오염 등으로 구성돼 있다. '사회' 부문은 사회 책임 경영, 사회 공헌, 근로자·협력사·소비자·지역사회 관계 등을 다룬다. '지배구조' 부문은 투명 경영, 사업 윤리, 부정부패 등으로 평가받는다.

ESG 경영의 핵심은 단순히 착한 기업이 되는 것이 아니다. 기업이 가진 위험 요소를 줄이고 지속가능성을 찾아내기 위한 냉철한 생존 전략이다. 경영진의 갑질, 채용 비리, 면접관 리스크 등으로 사회적 물의를 일으켜 악덕 기업으로 찍히면 매출이 감소하고 투자자들의 요구로 경영진이 교체되는 등 기업 경영에 문제가 생긴다. 반대로 ESG 경영을 잘하면 투자자들의 돈줄을 쥐게 된다.

이제 ESG 경영은 선택이 아니라 필수다. 코로나 이후 우리는 장기적인 관점에서 지속가능한 기업을 만들어야 한다는 것을 깨달았다. 세계적인 기업에 투자할 때는 재무적인 요소 외에 ESG 같은 비재무적 요소들도 중요하게 작용한다. 환경, 사회적 책임, 지배구조, 투명 경영이 드러나는 ESG가 주목받고 있다. 이와 관련, SK그룹, LG그룹, 하나금융그룹 등 대기업들은 ESG 관련 조직을 신설하고, 임원급을 영업하는 등 ESG 경영을 강화하고 있다. 환경 및 사회와 함께 성장하고 더불어 행복을 나누는 ESG 경영은 새로운 방향을 제시하는 마중물이 될 전망이다. 사회적 책임과 이익 추구를 동시에 고민하는 것은 더 이상 유토피아적인 이념이 아니다. ESG를 못하는 기업은 투자자는 물론 소비자가 외면하는 것은 물론 점차 은행에서 돈을 빌리기도 어려워질 전망이다.

최근 유럽과 미국을 중심으로 기업의 사회적 책임을 강조하는 ESG 경영에 대한 투자 규모가 커지고, 일부 국가에서는 관련 정보 공시가 의무화되는 등 ESG에 대한 요구는 거스를 수 없는 흐름으로 자리 잡았다. 탄소 배출을 적게 하고 산업 재해를 줄이고 사회공헌을 많이 하고 주주들에게 충분한 배당을 하지 않으면 지속경영이 어렵다. 리더의 자기 인식, 내재화된 윤리적 관점, 균형화된 정보 처리 과정, 관계적 투명성이 중요해지는 상황에서 최고경영자가 진정성을 보여주지 않으면 ESG 리스크를 떨쳐내기 어렵다.

진성 리더십(Authentic leadership)과 ESG 경영은 전혀 별개의 것이 아니다. ESG 경영에서 리더에게 진성 리더십은 더욱 절실해지고 있다. 이제 기업은 단순히 이윤 추구에만 몰두하는 것이 아니라 직원과 소비자, 지역사회와 함께 상생하는 것은 물론, 환경, 감염병 등 인류 문제까지 고려해 경영 활동을 해야 한다. ESG 경영은 선택이 아니라 필수다. ESG가 경제, 정치, 사회를 아우르는 메가 트렌드로 자리 잡고 있다.

2022년 재계 주요 그룹 총수들의 신년사를 관통하는 키워드는 단연 ESG였다. 특히 최태원 SK그룹 회장, 구광모 LG그룹 회장, 구자열 LS그룹 회장, 허태수 GS그룹 회장, 김승연 한화그룹 회장 등 그룹 총수들이 연일 ESG 경영 강화를 내세우고 있다.

유한킴벌리는 ESG 경영과 관련하여 '환경 경영 3.0'을 발표했다. 2020년 창립 50주년을 맞아 2030년까지 친환경 원료 사용 비중을 기저귀와 생리대는 95%, 미용 티슈와 화장지는 100%까지 끌어올려 지구 환경 보호에 기여한다는 내용을 담고 있다. 유한킴벌리는 이미 1984년부터 '우리 강산 푸르게 푸르게 캠페인'을 통해 국내 국공유림에 5400만 그루 이상 나무를 심으면서 일찌감치 환경 경영을 실천해온 기업이다. 또한 아름다운 숲 발굴, 숲속학교 조성, 탄소중립 숲 조성, 접경 지역 숲 복원 프로젝트, 몽골 유한킴벌리숲 조성 등 ESG 경영과 관련한 다양한 사업을 운영 중이다.

진재승 유한킴벌리 사장은 산업정책연구원이 주관하는 '서울ESG

CEO 선언'에 참여하기도 했다. 아울러 매년 생리대 100만 패드 기부, 발달장애 청소년을 위한 '처음생리팬티' 제공, 이른둥이용 초소형 기저귀와 마스크 기부 등의 활동을 통해 사회와 함께 성장하기 위해 노력하고 있다.

'ESG 워싱(ESG Washing)'이란 'ESG'과 '세탁(white washing)'의 합성어로, 기업들이 겉으로만 ESG 경영을 표방하고 이를 적극 홍보하는 것을 말한다. 'ESG 워싱'을 경계해야 하는 이유는 기업이 사람들을 속였다는 사실보다 사람들 사이에서 '친환경' 활동에 대한 회의감을 확산시킬 수 있기 때문이다.

ESG 우등생으로 꼽혀온 KT는 유력 정치인 자녀 부정 채용 논란을 겪었다. KT의 사회적 기여도와 지배구조상 감시 기능이 의심받을 수밖에 없었다. 부정적 시선은 ESG 평가등급에 곧바로 드러났다. 한국기업지배구조원(KCGS)이 발표한 2019년 상장기업 ESG 평가등급에서 통합 등급 B+를 받은 것. 줄곧 A와 A+를 오가던 KT에는 낯선 성적이었다.

하나금융그룹은 '특별채용'을 통해 ESG 경영 강화를 위한 새로운 시도에 나섰다. 하나금융은 'ESG 부회장'이라는 직함까지 신설하고 자사 3대 전략을 ESG · 플랫폼 · 글로벌로 설정하는 등 ESG 경영에 힘을 쏟는 모습을 보이고 있지만, 정작 ESG 부회장 자리에 채용 비리 혐의와 부실 파생상품 판매 혐의를 받는 인물을 기용한 바 있다.

코로나 이후에 채용 분야에서도 ESG 트렌드가 대두되고 있다. ESG는 이미 거스를 수 없는 흐름이다.

Job Trend 09 · 고객 경험을 넘어서 '직원 경험' 시대

우리 회사는 어떻게 좋은 직원을 채용해서 함께 성장할 수 있을까? 직원이 채용 광고를 보는 순간부터 지원서 작성, 면접 과정, 회사 생활, 퇴직하는 순간까지 보고, 배우고, 느끼는 모든 것이 '직원 경험(EX: Employee Experience)'에 기여한다. 직원 경험이란 직원이 회사에서 겪는 모든 경험으로, 직원의 행동을 형성하며 직원들이 조직과 맺고자 하는 관계 또는 유대감을 형성하는 전반적인 활동을 말한다. 직원 경험이라는 용어가 어느 한순간 뚝 하고 떨어진 게 아니다. '고객 경험(CX: Customer Experience)', '사용자 경험(UX: User Experience)'을 넘어서 직원 경험 트렌드가 떠오르고 있다.

고객 경험은 고객의 생각과 느낌을 파악하는 데 중점을 두고 매장 방문, 제품 구입, 구입 후 이용 등 고객이 무엇을 보고 느끼는지 알아보는 다양한 경험을 말한다.

사용자 경험은 사용자가 단순히 기능뿐만 아니라 지각 가능한 모든 면에 참여하고 어떤 시스템, 제품, 서비스를 직·간접적으로 이용하면서 느끼고 상호 교감하는 총체적 경험을 말한다. 얼핏 보면 고객 경험과 비슷한 듯하지만 분명한 차이점이 있다. 우선 고객 경험은 사용자 경험을 확장한 개념으로, 브랜드와 고객의 접점이 지속적으로 이어지며 발생하는 고객 경험의 총체를 의미한다. 사용자 경험은 사용자가 특정 서비스나 제품을 이용하는 과정에서 겪는 경험을 의미한다. 주로 앱, 웹, 제품 등 하나의 서비스에 대한 경험을 뜻하는 경우가 많다. 고객 경험 담당자가 구매력 있는 소비자를 대상으로 소통한다면, 사용자 경험 담당자는 제품을 사용하는 대상이 소통의 대상이다.

국내에서도 많은 기업들이 직원 경험에 주목하며 기존 인사팀의 부서명을 직원경험부서, EX실로 변경하는 등 직원 경험과 행복의 중요성을 인식하고 더 나은 직원 경험을 제공하고자 노력하고 있다.

유한킴벌리는 최근까지 물리적 직원 경험을 개선하는 데 많은 노력을 기울여왔다. 수평적인 문화에 맞춰 2010년 모든 직원에게 변동좌석제를 적용해 선도적인 스마트 오피스를 실현했다. 지금은 스마트 오피스를 넘어 '스마트 워크 3.0'을 지향하고 있다. 직원들의 다양한 성향에 맞춰 자율적으로 일할 수 있는 열린 사무 공간과 투명·반투명을 선택할 수 있는 회의실, 안마의자를 이용할 수 있는 성별에 따른 휴식 공간과 열린 카페까지, 신입 사원들이 스마트 오피스를 보고 애사심이 높아졌다고 이야기할 정도로 사무 공간에 대한 직원들의 만족도는 매우 높다.

삼성전기는 CEO의 확고한 '경험 중시' 철학이 직원 경험 설계의 추진 동력으로 작동한 사례다. CEO는 모든 직급 직원들과 수시로 대면 회합을 갖고 회사의 미션과 비전을 직접 전파하면서 직원들의 의견을 현장에서 청취한다. 최근에는 리더 상향 평가를 시행하는 데 있어 고객 경험 관리에서 자주 사용하는 순추천 고객 지수인 NPS를 활용한 '리더 추천도'를 평가 항목에 넣어 직원들이 실제 경험한 리더십을 평가하고자 했다. 평가 후 리더십 개발이 필요한 리더들은 차별화된 코칭 프로그램으로 연결해 보다 나은 경험 제공자가 되도록 도와주고 있다. 또한 재직자들이 회사 생활을 여과 없이 촬영해 보여주는 직장인 브이로그도 제작하고 있다. 잠재적 지원자들이 제조업체의 무거움에서 벗어나 보다 친근한 기업 이미지를 경험하게 하기 위함이다.

젊은이에서 시니어로 전환하는 '시니어 시프트'

2021년 '시니어 노마드(Senior nomad)'가 급증했다면, 2022년에는 '시니어 시프트(Senior Shift)' 시대가 열렸다. 시니어 노마드가 은퇴 후 자녀 양육 책임이나 생계 유지 부담에서 벗어나 노인의 기존 가치관에 얽매이지 않고 끊임없이 새로운 자아를 찾아가는 시니어들을 가리키는 용어라면 시니어 시프트는 모든 산업의 주요 비즈니스 중심이 젊은층에서 경제적 여유가 있는 시니어로 이동하는 경제적·사회적 현상을 말한다.

행정안전부가 발표한 2021년 주민등록 연령별 인구 통계를 보면, 고령화 현상이 전반적으로 나타나고 있음을 볼 수 있다. 고령화가 가속화되면서 60대 인구가 20~30대 인구 비중을 처음 추월했다. 전체 평균 연령은 43.4세로 주민등록인구 통계를 최초로 집계한 2008년(37세)에 비해 6.4세 늘어났다. 성별로는 여성의 평균 연령이 44.6세로 남성(42.3세)보다 2.3세 높았다. 연령별 인구는 50대 인구(859만 314명)가 전체의 16.6%를 차지하며 가장 높게 나타났다. 이어 40대(15.9%), 60대(13.5%), 30대(13.1%), 20대(13.1%), 70대 이상(11.1%), 10대(9.2%), 10대 미만(7.5%) 등이었다. 이중 60대 인구 비중은 2008년 8%에서 2013년 8.7%, 2018년 11.5%, 2020년 13% 까지 계속 높아지는 추세를 보이고 있다. 전반적인 고령화 현상 속에 60대 인구는 올 상반기에도 0.5%포인트 증가하며 사상 처음으로 20대 인구를 넘어섰다.

이에 따라 모든 비즈니스가 시니어 중심으로 재편되고 있다. 초고령화 사회에서 '젊은이'는 줄어들 수밖에 없다. '시니어'로 눈을 돌려야 한다. 옛날과 다른, 경제력과 활동력을 겸비한 시니어가 대거 등장한 만큼 새로운 비즈니스 기회가 될 수 있기 때문이다. 시니어 산업은 초고령화 사회, 고령 인구의 증가, 가족 구조와 부양 의식의 변화, 시니어의 경제력 향상 등을 배경으로 성장하고 있다.

신생아보다 사망자가 많은 시대가 되었다. 지난 2020년 통계를 작성한 이래 최초로 대한민국은 인구 자연감소에 들어갔다. 한 해 출생하는 신생아보다 사망자 수가 더 많아진 것이다. 80세 이상 주민등록인구가 처음으로 200만 명을 돌파했다. 2015년 140만 명 수준이던 80세 이상 인구는 매년 폭발적으로 증가하고 있다. 우리나라 인구 변화의 핵심은 고령화다. 우리나라는 세계에서 가장 빠른 속도로 고령화되고 있다.

하나은행 하나금융경영연구소는 2019년 1월부터 2020년 12월까지 총 2년간 하나카드의 개인 신용카드와 체크카드 기준 온라인 결제 데이터를 분석한 보고서를 통해 연령대별 상위 10개 소비 분야 순위에 변화가 나타났다고 밝혔다.

코로나 여파로 인해 가정에 머무는 시간이 늘어나고 재택근무와 온라인을 통한 교육과 미팅 등이 증가하면서 40대 이하 모든 연령층에서 전기 · 전자제품 순위가 상승했다. 또한 외식을 줄이고 집에서 식사하는 횟수가 많아지면서 20~50대 전 연령층에서 음식 배달 앱 결제 규모 순위도 상승세를 보였다. 지난해 전체 온라인 카드 결제 규모는 전년 대비 약 35% 증가했으며, 60대 이상의 경우 55% 증가했다. 결제 건수도 60대 이상 71%, 50대 62%, 40대 52% 증가한 것으로 분석됐다.

전체 온라인 카드 결제 규모를 30대 이하와 40대 이상으로 나누어 살펴보면, 지난해 30대 이하 연령층은 전년 대비 약 24% 증가했지만 40대 이상 중장년층은 약 49% 증가한 것으로 확인됐다. 이와 관련, 디지털 환경에 익숙한 50~60대 액티브 시니어(active senior)가 새로운 소비의 주역으로 떠오르고 있다. 아울러 온라인과 모바일 소비 활동을 활발히 하는 '스마트 시니어(Smart Senior)'가 늘고 있다. 스마트 시니어는 대략 700만 명에 이르는 베이비붐 세대로, 활동적이면서 신체적으로 건강한 편이다.

KB국민은행은 55세 이상 시니어 고객 12명을 선정, 시니어 고객 패널 제도인 'KB골든라이프 고객 자문단'을 운영하고 있다. 이를 통해 시니어 고객을 위한 큰 글씨 뱅킹 서비스인 '골든라이프뱅킹'의 금융 거래 기능을 개선해 고객의 이용 편의성을 향상시킨 바 있다.

카카오뱅크 역시 시니어를 위한 고객자문단을 운영하고 있다. 특히 업력이 짧은 인터넷 은행들은 모바일 뱅킹에 익숙하지 않은 고령층 등 금융 소외 계층을 새로운 고객으로 끌어들이려고 안간힘을 쏟으며 오프라인 고객 접점을 확대하기 위해 고심하고 있다. 시니어 시프트는 메가 트렌드로 확산되고 있다.

채용 트렌드 2023 10대 키워드

제2장에서는 2023년 채용을 준비하는 기업의 입장과 취업을 준비하는 구직자의 입장을 고려해 주목할 만한 '경험'의 변화에 따른 10대 채용 트렌드 키워드를 다룰 것이다. 《채용 트렌드 2022》에서 다루었던 것은 배제하고, 2023년 채용 트렌드를 관통하는 10대 키워드를 뽑았다. 인사 담당자, 취업 교육 전문가, 커리어 코치, 헤드헌터, 전직 전문가, HR 전문가 등 다양한 사람들로 구성된 커리어포럼 회원들에게 설문 조사를 했고, 별도의 채용 트렌드 회의를 통해 10대 키워드를 뽑았다.

연도별 10대 채용 트렌드 키워드

2020년	2021년	2022년	2023년
① 수시 채용	① 상시 채용	① 딥택트 채용	① 채용 브랜딩 시대
② 블라인드 채용	② 비대면 채용	② 메타버스 채용 박람회	② 메타버스 면접
③ 인공지능 면접	③ 화상면접	③ 소셜 리크루팅	③ 스토리리빙 시대
④ 디지털 전환	④ 랜선 박람회	④ 리버스 인터뷰	④ 리버스 리크루팅
⑤ 워라하	⑤ 워라인	⑤ 워러밸	⑤ 워라블 전성시대
⑥ 긱 워커 급증	⑥ 멀티커리어리즘	⑥ 폴리매스형 인재	⑥ 멀티포텐셜라이트 인재
⑦ 밀레니얼 세대	⑦ 젠지 세대의 채용 전략	⑦ 커리어 모자이크	⑦ 커리어 포트폴리오
⑧ 애자일 확산	⑧ 헬릭스 경영 전략	⑧ ESG 경영	⑧ 워케이션
⑨ 젠더 감수성	⑨ 프라이빗 이코노미	⑨ 직원 경험 시대	⑨ 러닝 어빌리티 시대
⑩ 앙코르 시니어	⑩ 시니어 노마드	⑩ 시니어 시프트	⑩ 시니어 케어

엔데믹 시대, 채용 트렌드는 어떻게 변화하고 있는가?

2022년 코로나 이후 감염병 위험으로 인해 한동안 영위하지 못했던 일상이 조금씩 회복되기 시작했다. 2022년 4월 18일, 2년 1개월간 유지해온 사회적 거리두기 조치가 전면 해제된 것. 가장 눈에 띄는 것은 마스크 착용 의무화가 567일 만에 해제된 것이다. 50인 이상 모이는 집회나 공연 등을 제외하면 실외에서는 마스크를 착용하지 않아도 감염병의 예방 및 관리에 관한 법률(감염병 예방법) 개정안 시행에 따른 과태료를 내지 않는다. 이에 따라 스포츠 리그 경기장과 전시관, 콘서트 공연장 등으로 사람들의 발길이 이어졌다. 그럼에도 불구하고 비대면 면접은 완전히 사라지지 않고 계속 진행되고 있다. 이제 팬데믹(Pandemic) 시대에서 엔데믹(Endemic) 시대로 전환하고 있다. 엔데믹이란 종식되지 않고 주기적으로 발생하거나 풍토병으로 굳어진 감염병을 말한다. 코로나 이후 우리는 예전과 다른, 경험해보지 못한 세상을 살고 있다.

기업은 엔데믹 체제로 근무 형태를 빠르게 전환하고 있다. 삼성전자는 2022년 4월 11일부터 그동안 금지했던 대면 회의, 집합 교육, 출장 행사 등을 제한적으로 재개하기로 했다. 다만 재택근무 비율을 최대 50%까지 가능하게 한 방침은 그대로 유지했다. 현대차와 기아차는 재택근무 비율을 50%에서 30% 수준으로 축소했다. SK그룹은 재택근무를 포함한 근무 방식과 근무 장소를 자율적으로 결정하도록 했다. SK네트웍스, SK텔레콤의 경우 재택근무를 정식 근무 형태로 인정하고 직원들이 자율적으로 선택할 수 있도록 했다. SK텔레콤은 각종 오피스 지역에 거점 오피스인 '스피어'를 열었다. 출근은 하되 원하는 장소에서 직원들이 편하게 근무하도록 환경을 바꾼 것이다. LG그룹 역시 재택근무 비율을 50%에서 30%로 완화했다. 네이버는 최근 신사옥을 짓는 등 사업장 확장에 나서면서 엔데믹에 맞춘 근무 체제를 도입했다. 7월부터 사무실 출근과 재택 근무를 자유롭게 선택하는 '커넥티드 워크' 제도를 시작했다. 주3일 이상 사무실에 출근할지, 주5일 재택근무를 할지 6개월마다 고를 수 있게 한 것이다.

2023년은 다른 어떤 때보다 커다란 채용 경험의 변화를 체감할 전망이다. 최근에는 잡플래닛과 블라인드 등 다양한 사이트들을 통해 기업들의 평판을 확인할 수 있다. 예전에는 내부자들이 아니면 알기 힘들었던 회사 내부의 이야기를 인터넷에서 곧바로 확인할 수 있는 시대다. 겉치레 브랜딩은 이제 더 이상 통하지 않는다. '채용 브랜딩'을 재설계해야 하는 시대가 왔다.

현실 공간의 위기는 가상 공간의 일상을 만들었다. MZ세대의 소통 공간이 현실에서 가상 세계까지 확장되면서 업계는 지원자들을 겨냥해 메타버스 채용에 나서고 있다. 메타버스 채용 설명회는 참가자 수에 제한이 없고, 방역 조치도 필요 없는 비대면 방식인 점이 주목받으며 널리 확대되었다. 메타버스 세상에서는 개별 아바타가 지원자 본인이 원하는 프로그램을 선택해 주도적으로 참여할 수 있고, 일대일 문의와 상담도 언제든 가능하다. 2022년에는 메타버스 채용 설명회를 많이 했다면 2023년에는 메타버스 면접을 적용하는 기업들이 늘면서 메타버스 채용 트렌드가 확대될 것이다. 메타버스 플랫폼인 '게더타운'에서 면접자 아바타로 화상 면접을 진행한다. 메타버스 면접은 파워포인트 발표나 포트폴리오 공유가 가능해 직무 역량을 쉽게 확인할 수 있는 장점이 있다. 채용 담당자들은 메타버스 공간에서 면접을 진행하면서 이 같은 장점의 효과를 높이기 위한 노력을 기울여야 한다.

메타버스 시대, 채용의 변화는 스토리텔링을 넘어서 스토리리빙으로 갈 것이다. 특히 가상현실과 증강현실은 더욱더 우리 삶에 밀접해질 것이다. MZ세대가 익숙한 메타버스 환경에서 박람회를 진행하면서 저렴한 비용으로 필요한 인재를 발굴하고 채용할 수 있게 되었다. 최근에는 아바타를 활용한 메타버스 면접까지 등장했다. 빅데이터, 오픈데이터, 마이데이터 등 데이터의 중요성이 부각됨에 따라 채용에서도 데이터 기반 채용 트렌드가 나타나고 있다.

이제 '워라밸'을 넘어 '워라블' 시대다. '일과 삶의 균형'을 뜻하는 워라밸, 즉 '워크라이프 밸런스(Work-Life Balance)'는 개인의 업무와 사생활 간 균형을 중요시하는 용어로 널리 사용돼왔다. 워라블은 '워크 라이프 블렌딩(work-life blending)'의 줄임말로 일과 삶을 적절히 섞는다는 뜻이다. 워라밸이 일과 삶을 별도로 구분해 균형을 맞추려고 했다면, 워라블은 일을 통해 삶의 가치를 구현하려는 라이프 스타일이다. '칼퇴'를 보장받는 워라밸을 선호하는 M세대와 달리, Z세대는 일과 삶이 섞이는 워라블을 추구하는 이들이 많다. 이 같은 분위기에 힘입어 점차 워라밸을 넘어서 워라블 시대가 될 전망이다.

'멀티포텐셜라이트'란 여러 가지 잠재성을 가진 사람, 또는 창의적인 활동 분야가 많은 사람을 뜻한다. 폴리매스가 백과사전식 지식을 지닌 사람이라면, 멀티포텐셜라이트는 창의적 활동을 통해 잠재성을 끌어내는 사람들을 의미한다.

2022년 코로나가 일하는 속도를 바꾸었다면 2023년에는 일하는 사람의 중요성이 부각될 것이다. 앞으로는 기업이 일하는 속도가 변화할 뿐만 아니라 디지털 트렌스포메이션으로 사람의 중요성이 부각될 것이다. MZ세대를 연봉만으로 붙잡기는 힘들다. 여행을 갈 때 옛날에는 어디로 가느냐가 중요했다면, 지금 누구와 함께 갈 것인가가 더 중요해지고 있다.

경력보다 '학습 경험(Learning Experience)'이 중요한 시대가 온다. 전환기에는 고정된 경력이 중요하지 않다. 배워야 할 지식의 양이 많아지면서 질적 성장이 요구된다. 이에 따라 '리스킬'과 '업스킬'이 부각되면서 조직 내 학습 경험이 중요해지고 있다. 학벌이나 자격증에 의존하던 과거의 경향에서 벗어나 이제 진짜 어느 정도 실력을 발휘하느냐가 중요해지고 있다. 채용 시 과거에는 학벌을 중요시했지만, 최근에는 커리어 포트폴리오로 당락이 결정되고 있다. 이처럼 채용에서 포트폴리오를 선호하는 경향이 나타난 것은 어제오늘 일이 아니다. 유튜브, 노션 등 다양한 플랫폼이 등장하면서 아마추어의 실력이 성장할 기회가 늘고 있다. 사진을 예로 들어보자. 예전엔 고가였던 사진기 가격이 크게 낮아지면서 사진 찍기를 취미로 즐기는 사람이 많아졌다. 그림을 그릴 때도 실제 환경에서는 화구와 도화지, 물감 등 다양한 준비물이 필요하지만 디지털 드로잉으로 눈길을 돌리면 아이패드나 갤럭시탭, 펜슬 하나면 충분하다. 전문 영역에 대한 접근성이 그만큼 좋아진 것이다.

언택트 상황에서 리더십을 어떻게 발휘하느냐가 회사의 미래를 좌우할 것이다. 언택트 리더십은 날로 중요해지고 있다. 그렇게 된 데는 코로나의 영향도 있지만, 그보다 더 중요한 것은 리더가 맡아야 하는 직원 수가 늘어나고 있기 때문이다. 조직 문화에 따라 기업들의 채용 방식도 달라질 것이다. 대한민국도 점점 초고령 사회에 진입하면서 시니어들을 대상으로 한 셀프케어 시장이 커지고 있다. 시니어들이 셀프케어를 어느 정도까지 실현할 수 있느냐는 대한민국의 미래와도 깊은 관련이 있다.

part **2**

What

코로나로 바뀐
채용 트렌드 10대 키워드

회사의 이름보다 채용의 경험이 중요하다

01
채용
브랜딩 시대

당신이 누구이고 당신의 브랜드가 무엇인지,
그리고 무엇이 당신스럽지 않은지 정의하라. 나머지는 그저 잡음일 뿐이다.

– 제프리 자카리안

채용 브랜딩 시대

지원자가 채용 경험을 통해 기업을 평가하는 시대가 온다

코로나 이후 채용 시장의 경험이 달라지고 있다. 기업들은 최근 지원자에게 긍정적인 채용 경험을 만들어주기 위해 채용 방식을 바꾸고 있다. 최적의 인재를 뽑는 것도 중요하지만 긍정적 채용 경험을 제공하는 것도 중요하다고 보고 다양한 방법을 시도하고 있는 것이다. 예를 들어, 당근마켓은 2022년 이력서 준비 부담이 적은 '간편 지원' 형식으로 직원을 채용하는 캠페인인 '리크루트 24(RECRUIT24)'를 실시했다.

과거에는 지원자들이 안정적이고 규모가 큰 기업만 선호하는 경향이 두드러졌지만 최근에는 회사 규모가 작더라도 경력에 도움이 되는 기업을 선호한다. 한때 채용 공고만 내면 인재가 몰리던 시대가 있었으나 공채가 점차 사라지고 수시채용으로 대체되면서 채용 방식도 많이 바뀌고 있다. 이에 따라 기업들 역시 지원자를 배려하는 쪽으로 바뀌면서, 취업을 원하는 지원자들은 채용 경험을 통해서 기업 문화를 체험하고 있다.

채용은 지원자의 인생에서 좀처럼 잊히지 않는 중요한 기억으로 남는다. 지원자에게 좋지 않게 기억되는 채용 경험은 결국 기업 브랜딩에까지 영향을 미친다. 채용 경험이 채용 브랜딩으로 이어지는 것이다. 단지 연봉과 회사 이름만 보고 지원했던 시절에서 이제 채용 브랜딩이 좋은 기업에 지원자가 몰리는 현상이 벌어지는 이유다.

채용 경험이 브랜딩으로 이어진다

채용 공고에 속지 않기 위해서 지원자들끼리 겉으로 드러난 채용 조건부터 내밀한 조직 문화까지 다양한 정보를 공유하면서 기업을 평가하는 플랫폼이 늘어나고 있다. 잡플래닛이나 블라인드 플랫폼에서 내부 직원들이 말해주는 회사의 실체가 여과 없이 외부로 공개되고 기업 평판을 확인할 수 있게 되면서 채용 브랜딩이 더욱 중요해지고 있다.

글로벌 PR업체 웨버샌드윅(webershandwick.com)이 전 세계 19개 시장에서 1902명의 직원을 대상으로 실시한 2017년 설문 조사에 따르면 직원의 19%만이 고용주가 공개적으로 이야기하는 내용과 직장에서 개인적으로 경험한 내용이 매우 일치한다고 생각하는 것으로 나타났다. 특히 한국은 단 11%의 직원만 고용주가 공개적으로 이야기한 내용과 직장에서 개인적으로 경험한 바가 일치한다고 했다. 한국의 고용주 브랜드 인식은 전 세계 평균보다도 8%포인트나 낮은 것이다.

채용 브랜딩이란 한마디로 회사의 평판 관리다

채용 브랜딩이란 엄밀하게 말하면 '고용주 브랜딩(Employer Branding)'이 더 적합한 표현으로, 최고의 인재를 영입하기 위한 것이다. 고용주 브랜딩은 브랜드 전문가 앰블러와 바로가 1996년 학술지 〈브랜드 매니지먼트〉를 통해 처음 소개한 개념이다. 채용 브랜드는 쉽게 말해 지원자들의 눈에 비춰진 회사의 평판이라고 할 수 있다.

채용 브랜딩은 구직자, 직원, 주요 이해관계자들 사이에서 회사의 평판을 관리하고 영향을 끼치는 일련의 과정이다. 훌륭한 브랜드 이미지를 갖는 것은 실질적으로 지원자 1인당 채용 비용을 줄이는 데도 도움이 된다. 채용 브랜딩은 특히 젊은 세대가 많고 신규 인력 채용이 많을수록 중요하다. 여기에는 고용주가 직원에게 가치를 제안하는 EVP(Employer Value Proposition)가 포함된다. 채용 공고를 하면서 고용주가 지원자에게 EVP를 제시할 때 주의해야 할 점이 있다. 바로 회사 중심이 아니라 지원자 중심으로 만들어야 한다는 것이다.

　기업의 브랜딩은 크게 2가지로 나뉜다. 채용 페이지, SNS, 유튜브 채널 등 '대외적 브랜딩(External Branding)'과 회사 내부의 직원 평판으로 설명되는 '내부적 브랜딩(Internal Branding)'이 바로 그것이다. 이 2가지가 잘 갖춰져야 직원과 지원자가 전폭적으로 회사를 신뢰할 수 있다.

　직원으로서 기업의 브랜딩에 영향력을 미치는 '임플로이언서(Employee+Influencer)'도 등장했다. 예전에는 내부자가 아니면 알기 힘들었던 회사의 은밀한 이야기도 이제 인터넷에서 곧바로 확인 가능하다. 해당 기업에 대한 나쁜 이야기가 퍼지지 않도록 단속한들 소용없다. 가끔 인사팀에서 평판 조회를 이유로 후보자의 현재 소속 회사에 문의하는 경우가 있는데, 후보자의 허락 없이 이뤄지는 평판 조회는 매우 위험하다.

　겉치레 브랜딩은 더 이상 통하지 않는다. 채용 브랜딩을 재설계해야 하는 시대가 왔다. 지원자가 단순히 구직하는 입장에서 벗어나 채용 경험을 설계하는 역할로 발전하면서 회사 이름보다 채용 브랜딩이 더욱더 강조될 전망이다.

채용 브랜딩의 본질은 마케팅이 아니다

'채용 마케팅'을 채용 브랜딩이라고 착각하는 사람이 많다. 채용 마케팅이 구직자가 우리 회사의 채용에 지원하도록 하는 직접적인 행위를 말한다면, 채용 브랜딩은 우리 회사의 브랜드를 매력적으로 구축해 구직자가 지원할 동기를 만드는 간접적인 행동을 말한다.

이와 관련, 대부분의 기업들이 회사를 단지 열심히 홍보하는 수준에 머무르고 있다. 규모가 작은 회사일수록 자리에 대한 책임과 역할 등이 명확하지 않고 현실에 급급해 우선 사람을 뽑는 데만 집중하고 있다. 잠재적인 채용 후보자들 중에서 우수한 지원자들이 종종 다른 회사를 선택하는 일도 비일비재하다. 바야흐로 채용 브랜딩 시대가 도래했다. 이제 'MZ세대를 어떻게 채용해서 함께 일할 것인가?'가 새로운 화두로 떠오르고 있다. 그런 의미에서 틀을 깨는 채용 브랜딩은 메가 트렌드로 확장될 전망이다.

Job Trend 02 **채용 브랜딩 시대 - 세계 동향**

구글의 채용 공고에는 1년에 300만 명이 지원한다

2016년 1000명을 선발하는 구글의 채용 공고에 지원한 사람은 무려 270만 명이었다. 경쟁률이 2700대1에 달한 셈이다. 통계적으로 불합격할 확률이 99.8%에 이르는데, 왜 수많은 인재들이 이 회사에 지원한 것일까? 이것이 바로 채용 브랜딩의 힘이다.

이토록 많은 인재들이 구글에 지원한 이유는 그곳에서 일하면 세계 최고의 인재들과 좋은 기업 문화 속에서 일하면서 자신의 가치를 올릴 수 있을 거라고 생각하기 때문이다. 이렇게 유인력 높은 회사일수록 기업에 맞는 최적의 인재를 뽑을 수 있다. 그 결과, 구성원들의 업무에 대한 몰입으로 최고의 성과를 내고, 이를 바탕으로 다시 기업이 원하는 최고의 인재를 뽑을 수 있는 선순환 구조가 만들어진다.

그러나 구글이 원한다고 해서 어떤 인재든 영입할 수 있는 것은 아니다. 채용 절차에 대한 전체적인 만족도에 따라서 합격이 통보된 지원자가 입사 제안을 받아들일지 여부가 결정된다. 이와 관련, 구글은 채용 프로세스에 소요되는 기간이 지원자의 경험을 좌우하는 주요 요인이라는 점을 알아내고 채용 프로세스를 단축하기 위해 적극 노력했다. 이밖에도 구글 채용팀은 면접 프로세스가 지원자에게 즐거운 경험이 되고 모든 지원자들의 경험을 긍정적인 쪽으로 개선할 수 있도록 지속적으로 노력하고 있다.

세계적인 HR 컨설팅업체 '유니버섬'(Universum)이 작성한 '2021년 세계에서 가장 매력적인 고용주(World's Most Attractive Employers)' 명단에서 전 세계 IT 전공 학생들이 선호하는 직장 1위가 바로 구글이었다. 뒤이어 2위 마이크로소프트(Microsoft), 3위 IBM, 4위 애플(Apple), 5위 아마존(Amazon), 6위 인텔(Intel), 7위 삼성전자, 8위 BMW그룹, 10위 소니(Sony) 등이었다.

세계 주요국의 직업 선택 기준

	브라질	캐나다	중국	프랑스	독일	인도	이탈리아	러시아	영국	미국	일본	한국
미래 수익성		1		2	2	3	2	1	1	2		2
혁신성	3	2			3	2			2	1		
전문적 훈련	2						3	2	3			
창조적 환경		3	3							3		
고용 안정성								3				1
친근한 환경						1					2	
높은 급여					1						3	3
직원 존중			1									
미래 전망	1		2	3								
도전성				1				1			1	

자료 : 유니버섬

미국, 영국, 캐나다 등의 직업 선택 기준을 보면 미래 수익성, 혁신성, 전문적 훈련, 창조적 환경 등을 중요하게 생각하는 반면, 한국은 고용 안정성, 미래 수익성, 높은 급여 등 현실적 안정성을 중요하게 생각하는 것으로 나타났다.

세계적인 기업은 '마케팅'이 아니라 '브랜딩'을 선택한다

채용 마케팅의 시대가 가고 이제는 채용 브랜딩의 시대가 도래했다. 세계적인 브랜드 매니저 제도를 만든 P&G(Procter&Gamble)의 사례를 소개한다. P&G는 1837년 설립된 미국의 생활용품 기업으로 '아이보리(비누)' '다우니(섬유유연제)' '질레트(면도기)' 등의 브랜드로 우리에게 매우 친숙한 회사다.

업계에서 P&G는 원래 '마케팅 사관학교'로 통했다. P&G 최고브랜드관리자(CBO: Chief Brand Officer) 마크 프리처드는 "미래 기업은 결국 마케팅이 아니라 브랜드 구축 시대로 회귀할 것"이라고 주장했다. P&G가 마케팅 포지션을 대대적으로 축소하면서 대체 카드로 빼든 것이 '브랜드'였다. 각 브랜드에 담당 매니저를 두고 책임을 지게 함으로써 브랜드 조직 모델을 제시했다. 기존 마케팅 조직은 브랜드 매니지먼트로 업무가 전환됐다. 현재 세계적인 글로벌 소비재 기업의 90% 이상이 이 제도를 채택하고 있다. 팀을 넘어서 전사적으로 긍정적 브랜드 경험을 만드는 활동을 강화해 나가고 있는 것이다.

사람을 쓰고 버린다고 생각하면 성장하기 힘들다

실제로 P&G는 CEO를 많이 배출한 회사로도 유명하다. 마이크로소프트의 스티브 발머, GE의 제프 이멜트, AOL의 스티브 케이스, 3M의 짐 맥너니, 이베이(eBay)의 맥 휘트먼 등 내로라하는 CEO들이 모두 P&G 출신이다. 전 세계 대학생 등을 대상으로 'P&G CEO 챌린지'라는 인재 육성 프로그램도 운영하고 있다. 사회초년생 때부터 CEO의 시각에서 브랜드를 성공시키기 위한 수업을 받는 셈이다.

P&G는 인턴십을 통해 대부분의 직원을 뽑는데, 한번 인턴으로 들어오면 출근 첫날부터 한 프로젝트에 대한 모든 권한과 책임을 부여받는다. 이를 통해 회사가 직원을 100% 신뢰하고 있다는 인상을 줄 수 있고, 일에 대한 책임감도 저절로 높아진다. 사람을 쓰고 쉽게

버린다고 생각하면 신뢰가 형성되기 어렵다. 당연히 리더로 성장하기도 힘들다. 대부분의 임원을 경력직으로 채용하는 외국계 회사와 달리 P&G는 내부 승진을 통해 직원들에게 리더로 성장할 수 있는 기회를 준다.

P&G에 입사하면 직급, 연령에 관계없이 능력에 따라 해외 지사 근무 기회가 열려 있어 국제 감각을 키울 수 있다. 인사 고과의 절반 정도가 부하 직원 훈련 성과로 매겨질 정도로 조직 문화에 리더 양성이 체화돼 있다. 1837년 설립돼 무려 200년에 가까운 역사를 지닌 P&G가 오랜 기간 세계 유통업계에서 최정상의 자리를 지킬 수 있었던 것은 직원들에게 주인의식, 독립성, 자율성 등을 심어주는 P&G만의 인재 관리 노하우가 있었기 때문이다.

채용 경험이란 회사와 지원자 사이의 모든 상호작용을 말한다

글래스도어(Glassdoor.com)나 페어리갓보스(fairygodboss.com) 등 기업 리뷰 사이트들이 기업의 채용 활동에 결정적인 영향을 미치고 있다. 구글을 비롯해 세계적인 기업에서는 지원자 경험을 중요시한다. 구글은 지원자 경험에 대해 '지원서가 접수됐다는 이메일을 받는 것부터 시작해서 합격 통보 전화를 받는 것에 이르기까지 회사와 지원자 사이의 모든 상호작용을 포함하는 것'이라고 정의한다. 채용 과정에서 긍정적인 경험을 한 지원자는 미래에 다시 지원할 수도 있으며, 다른 사람들을 추천할 가능성도 높다. 지원자 경험이 중요한 채용 트렌드로 부각되는 가장 큰 이유는 최근 채용 시장이 철저하게 지원자 중심으로 개편되고 있기 때문이다.

채용 브랜딩이 지원자의 수준을 결정한다

국내에서 채용 브랜딩이 중요해진 것은 직장인 플랫폼을 통해 전·현직 임직원이 기업의 실상을 적나라하게 알리면서부터다. 이런 내부 정보가 공개되면서 지원자들은 '내가 이 회사에서 일해야 할까' 깊이 고민하게 되었다.

직장인을 대상으로 하는 플랫폼 기업들이 IT 기술을 이용해 채용 정보 시장으로 사업 영역을 넓히면서 채용업계의 판이 흔들리고 있다. 잡코리아, 사람인, 원티드랩 등 현재 채용 정보 시장의 규모는 3000억 원 정도로 알려져 있다. 헤드헌팅, 후불형 채용 등 매칭 상품을 포함하면 2조 원 정도로 커진다. 다올투자증권(전 KTB투자증권)은 연간 채용 인력과 수수료를 감안하면 2025년 국내 채용 정보 시장의 규모는 3조 8000억 원에 달할 것으로 전망했다.

지원자 중심으로 변화하는 채용 시장

과거와 달리 인재 채용이 점점 어려워지고 있는 만큼 기존 인력을 빼앗기지 않기 위한 기업의 노력이 필요한 시점이다. 임금 외에 차별화된 요소를 도입해 직원들과의 관계를 오래 유지시켜야 한다. 산업별·기업별로 적정 인건비 한계선에 도달하는 기업이 나타나는 등 더 이상 연봉을 올리지 못하는 수준에 이를 수도 있다. 그러면 연봉이 아니라 다른 보상을 주는 방향으로 선회해야 한다. 기업 문화나 구성원들의 성장 기회, 장기 근속 시 지급되는 월급 이외의 스톡

옵션 같은 인센티브 등이 좀 더 보편화될 것이다.

물가가 오를수록 직장인들의 연봉과 이직률은 높아지고, 채용 시장도 그만큼 커질 가능성이 높다. 국내 채용 정보 시장의 대표 주자들의 면면을 간단히 살펴보자.

채용 중개 플랫폼 '원티드'는 지인 추천 보상금 제도를 선보이면서 급부상했다. 지인 추천으로 채용이 확정되면 합격 당사자와 추천자 모두에게 50만 원 상당을 준다. 원티드는 2019년 10억 원, 2020년 16억 3000만 원, 2021년 34억 6000만 원으로 3년간 합격자와 추천인에게 지급한 보상금 규모가 61억 원에 달한다고 밝혔다. 원티드에 등록한 개인들 가운데 IT 직군은 50% 정도다. 2021년 말 합격자를 기준으로 보면 IT 직군의 비중은 70%로 더 높게 나타나는데, 이는 최근 IT업계 채용이 활발함을 보여준다. 원티드는 채용 성사 시 기업으로부터 채용 중개 수수료로 연봉의 7%가량을 받는다. 원티드는 또한 프리랜서 매칭 서비스 '원티드 긱스', 커리어 콘텐츠 서비스 '원티드 플러스'도 운영 중이다.

전현직 직원들의 기업 리뷰를 열람할 수 있는 '잡플래닛(jobplanet. co.kr)'은 최근 채용 중개 서비스에 뛰어들었다. 복지·급여, 워라밸 등 5대 항목에서 평점 3.0 이상인 우수 기업들의 채용 공고만 모아 보여주는 구직자 맞춤형 채용 서비스인 '프라이빗 채용관'이 강점으로 꼽힌다. 잡플래닛을 통해 지원하고 합격하면 채용 축하금 200만 원을 증정하는 이벤트도 진행 중이다.

직장인 익명 게시판으로 유명한 '블라인드(teamblind.com)'는 개인정보 보호에 초점을 맞춘 채용 서비스인 '블라인드 하이어(blindhire.

co.kr)' 출시했다. 직무·소속·주요 프로젝트 등 업무 적합도에 관한 정보만 공개하며 열람 제한을 설정해 구직 활동이 노출되는 것을 방지했다.

이밖에 명함 정리 앱으로 출범한 '리멤버(rememberapp.co.kr)'는 최근 1600억 원 규모의 시리즈 투자를 유치하며 '리멤버 커리어(career.rememberapp.co.kr)' 채용 포털로 몸집을 키우고 있다. 커리어 콘텐츠 플랫폼 '퍼블리(publy.co)'는 19만 명에 달하는 직장인 커뮤니티로 자리 잡은 '커리어리(careerly.co.kr)'를 통해 채용 제안 서비스를 시작했다. 인재풀 관리, 채용 단계별 전환율 분석 등 채용 분석 기능을 담은 '위하이어(wehire.kr)'도 디자이너, 개발자 등 인력이 부족한 스타트업을 대상으로 정보를 제공하고 있다. 코로나 이후 100% 원격 근무를 원하는 사람들의 채용을 중개하는 '플렉스웍(flexwork.co.kr)'도 등장했다.

기업이 인재를 고르던 시대는 끝났다

기업이 인재를 고르던 시대에서 인재가 기업을 선택하는 시대로 변화하면서 우수 인재 영입 경쟁이 날로 심화되고 있다. 인크루트는 최근 '2022 대학생이 뽑은 가장 일하고 싶은 기업'을 주제로 설문 조사를 진행했다. 조사 결과, 1위에 선정된 카카오(12.7%)는 2020년 부터 3년 연속 최상위 자리를 지켰다. 카카오를 선정한 응답자들은 '본인의 성장과 자기계발 가능성'(32.1%)을 이유로 가장 많이 꼽았다. 이는 국내 IT 기술을 선도하는 빅테크 기업의 일원으로 일할 수 있다는 점, 카카오 출신이 이직 시장에서 경쟁력 있다는 점 등을 높이

평가한 결과로 분석된다.

Z세대는 급여와 복리후생 외에 본인의 커리어 성장에 도움이 되고 성장 모멘텀이 뚜렷한 기업에 높은 관심을 보였다. 이들의 수준 높은 기업관을 확인할 수 있는 대목이다. 이들은 또한 복지 제도, 근무 환경, 연봉 수준, 성장 가능성 등을 고려해 선호 기업을 선택했다.

기업들은 자사를 선택하도록 하기 위해 지원자에게 좋은 채용 경험을 제공해야 한다는 것을 깨달았다. 이를 위해 채용 페이지를 제작하는 등 기업을 알리는 '채용 브랜딩'이 중요해지기 시작했다. 대표적인 채용 페이지로 넥슨의 '메이플스토리'를 들 수 있다. 메이플스토리 채용 페이지는 '채용 소개', '모집 분야', '인터뷰', '복리후생', '문의 및 채용 상담' 등으로 구성되어 있다. '메이플스토리를 만드는 사람들'이라는 메뉴는 생생한 직원 인터뷰를 통해 어떻게 메이플스토리를 만들게 되었는지 그 과정을 지원자들이 알기 쉽게 영상으로 담았다. 이를 통해 심지어 메이플스토리 게임을 잘해야만 입사할 수 있다는 잘못된 정보까지 바로잡았다. 이처럼 Z세대에 맞춰 채용 페이지는 텍스트에서 영상으로 바뀌는 흐름이다.

채용 경험이 불쾌하면 다시 지원하지 않는다

20대 취준생 10명 중 6명은 가고 싶었던 기업이더라도 채용 과정이 불쾌했다면 지원을 거부하는 것으로 나타났다. 2022년 5월 캐치(catch.co.kr)가 20대 취준생 1015명을 대상으로 '채용 과정 경험'을 조사한 결과 63%는 채용 경험이 불쾌하면 '다시 지원하지 않을 것'이라고 답했다. 입사를 망설이게 하는 요소로는 '불쾌한 면접 경험'이 59%로 가장 많은 영향을 미쳤다. 이어서 '불분명한 지원 공고'가 12.5%로 2위, '결과 미통보 혹은 느린 통보'가 10%로 3위를 차지했다. 우수한 인재를 영입하기 위해서는 채용 경험에서 근무 방식, 문화까지 폭넓게 지원자를 배려해야 함을 알 수 있다.

채용 시장은 대리의 마음에 달려 있다

기업들이 대리급 직원의 마음 사로잡기에 나섰다. 연봉 인상폭을 높게 책정하거나 복지를 크게 늘리는 등 다양한 시도를 하고 있는 것. 특히 구인난을 겪고 있는 IT 기업들은 기존 인재들을 지키는 데 심혈을 기울이고 있다.

CJ올리브네트웍스는 2021년 1월 직원 연봉을 인상했다. 과장급과 대리급 연봉을 가장 크게 올렸는데 과장급은 700만 원, 대리급은 600만 원 인상했다. 또한 사원급은 500만 원, 차장급은 400만 원, 부장급은 200만 원으로 인상액이 정해졌다. 인상액은 이직률이 높은 순서에 따라 달라졌다. 앞으로 거세질 인재 쟁탈전에 선대응하기 위한 포석이다.

LG CNS는 2021년 9월 직원 스스로 근무팀을 결정할 수 있는 '마이 커리어업'을 도입했다. 팀에 지원한 직원이 인터뷰를 통과하면 2개월 내에 조직을 옮길 수 있다. 연중 상시 운영되고 지원 과정은 철저하게 비밀로 진행된다. 또한 2030을 위한 맞춤형 복지를 늘렸다. 그 일환으로, 회사가 보유한 골프장 회원권을 임원이 아닌 직원도 사용할 수 있도록 했다. 최근 2030세대 사이에서 골프가 새로운 취미로 떠오르는 데 착안한 것이다. 조직에 적합한 인재를 계속 유지하기 위해 기업들은 다각도로 변화하고 있다.

채용은 낚시가 아니다. 스스로 찾아오게 하라

채용은 낚시처럼 직원이 일단 기업에 들어오게만 만들면 되는 것
이 아니다. 기업에서 가장 좋은 복지는 능력 있는 동료다. 14년 동안
넷플릭스 최고인재책임자(CTO: Chief Talent Officer)로 일해온 패티 매
코드 패티매코드컨설팅 대표는 "회사가 직원에게 해줄 수 있는 최고
의 보상은 A급 선수들과 함께 일하도록 해주는 것"이라고 강조했다.
이제 함께 일할 동료를 보고 기업을 선택하는 시대다.

짐 콜린스는 "기업의 가장 중요한 자산은 '사람(People)'이 아니라
'적합한 사람(Right People)'"이라고 말했다. 여기서 말하는 적합한 사
람이란 회사가 지향하는 가치를 자신이 지향하는 가치로 받아들이
고, 회사 일이 곧 자기 일이라고 생각하는 사람이다. 적합한 사람을
버스에 태우는 것이 먼저다. 버스의 방향은 그다음에 정해도 된다.
적합한 채용이 결국 조직의 성장 기회를 만든다.

채용 브랜딩 시대에 기업이
유의해야 할 5가지 사항

기업이 존재하려면 핵심 인재가 필요하다. 최근에는 그 중요성이
더욱 커졌다. 낮은 회사 인지도로 인재를 채용하는 데 어려움을 겪
고 있다면 이제 채용 브랜딩에 신경을 써야 한다. 채용 브랜딩 시대

에 우리 회사는 어떻게 살아남을 것인가?

1. 기업의 브랜딩 메시지를 채용 콘텐츠로 녹여내라!

그저 채용 공고를 내고 광고하는 것은 옛날 방식이다. 우리 회사만의 가치를 전달할 수 있는 '채용 브랜딩' 페이지를 만들어야 한다. 핀테크 기업 토스는 자체 블로그 누리집 '토스피드'를 2018년부터 운영하고 있다. 토스는 2018년 하반기부터 콘텐츠 제작 업무에 집중하는 '콘텐츠 매니저' 직군을 채용해왔다. 언론사, 스타트업, 출판사, 공공기관 등 다양한 배경을 가진 이들이 잇따라 합류했다. 현재는 토스뱅크와 토스증권, 토스페이먼츠 등 계열사를 포함해 총 13명이 콘텐츠 매니저로 일하고 있다. 그만큼 채용 콘텐츠에 애정을 쏟고 있다.

2. 지원자들의 궁금증을 부추길 정보를 포함시켜라!

'당신이 깊게 몰입했던 무언가가 있나요?' '인터뷰는 어떻게 진행되나요?', '어떤 복지들이 있나요?' 등 채용과 관련해 지원자들이 궁금해할 법한 내용들을 담아라. 금융과 라이프스타일을 엮어 만든 '사소한 질문들' 시리즈, 토스 직원 복지를 소개한 '출근 첫날 만나는 토스의 복지 패키지' 등 콘텐츠는 지원자들에게 좋은 반응을 얻었다. 토스커리어(toss.im/career/)의 '지금 가장 핫한 질문', '합류 여정' 등과 같이 궁금증을 불러일으킬 만한 정보를 질문으로 만들어보는 것도 좋은 방법이다.

3. 브랜드 홍보에 동참할 사내 커뮤니티를 만들어라!

채용 브랜딩 시대에 맞게 구성원 추천 채용 프로그램을 재정비하고, 부서별 인재에 대해 재정의해야 한다. 거창하게 생각할 필요 없다. 채용 이벤트 시 브랜드 슬로건이 새겨진 모자나 티셔츠 같은 아이템을 만들어 나눠주거나 CEO나 인사 담당 임원이 조직 인재 관리 방침에 관한 책을 저술하는 것도 좋다. 모든 구성원들에게 '일 잘하는 방법 10가지'라는 인쇄물을 배포하는 것도 효과적이다. 실제로 우아한형제들은 '9시 1분은 9시가 아니다', '우리는 규율 위에 세운 자율적인 문화를 지향한다', '쓰레기는 먼저 본 사람이 줍는다', '잡담을 많이 나누는 것이 경쟁력이다' 등 '송파구에서 일 잘하는 방법 11가지'를 정리해 그 내용을 담은 사내 포스터를 만들어 주목받은 바 있다.

4. 채용 과정에 '컬처핏 인터뷰'를 활용하라!

토스는 자율성과 책임감이란 기업 문화에 맞는 인재를 찾기 위해 채용 과정에서부터 문화를 강조한다. 이 회사의 채용 기본 절차는 '서류 전형 → 직무 인터뷰 → 컬처핏 인터뷰(Culture-fit Interview)' 순으로 진행된다. 이 중 '컬처핏 인터뷰'는 지원자가 기업의 조직 문화와 얼마나 잘 맞는지 그 기업이 추구하는 방향성과 채용 대상자의 적합성을 알아보는 과정이다. 컬처핏 인터뷰는 길게는 한 사람당 두세 시간 이어지기도 한다. '깊게 몰입했던 것은 무엇인가?', '왜 열심히 사는가?', '왜 그런 결정을 했는가?' 같은 삶의 가치관을 파고드는 질문이 많다. 면접 담당자로는 주로 직무 관련 팀의 리더가 참석하는데, 면접관 역시 컬처핏 인터뷰를 위한 일련의 훈련 과정을 거쳐야 한다. 최근 스타트업에선 조직 구성원과의 교감 · 소통 · 융화 등을 고려해 컬처핏 인터뷰가 적극 활용되고 있다.

5. 전통적 위계질서에서 벗어나 수평적 조직 문화로!

한국 기업 특유의 위계질서 강한 조직 문화는 자유분방한 젊은 인재들을 힘들게 한다. 예를 들면, 배민(우아한형제들)은 '업무는 수직적이되 인간관계는 수평적인' 독특한 조직 문화를 가지고 있다. 규율과 자유로움이 공존하는 문화로, 중요 의사결정을 직원들과 함께한다. 회사의 비전도 창업자가 만든 것을 액자에 끼워두는 게 아니라 전 직원이 함께 만든다.

그런데 아무리 교육해도 현장 면접에서 가족 관계를 묻거나 사적인 질문을 던지며 쓸데없는 조언을 건네는 임원들이 여전히 존재한다. IT 기업들은 젊은 인력이 대다수를 차지하는 만큼 그들에게 맞는 문화를 구축해 나가고 있지만, 기존 대기업이나 전통적인 기업은 수평적 조직 문화로 탈바꿈하기 위해 더욱 잰걸음이 필요해 보인다.

 **채용 브랜딩 시대에 취업할 때
Job Trend 05 반드시 던져야 할 5가지 질문**

채용 브랜딩 시대가 도래했다. 옛날처럼 준비해서는 합격하기 힘들다. 채용 브랜딩 시대에는 차별화된 역량을 보여줘야 살아남을 수 있다. 게다가 신입 위주 채용에서 경력자 위주 채용으로 급변하고 있다. 경력을 쌓지 않으면 처음부터 좋은 연봉을 받기 어려운 상황이 되었다.

채용 브랜딩 시대 취업할 때 던져야 할 5가지 질문을 정리해보았다. 채용 브랜딩 시대에 우리는 어떤 역량을 쌓을 것인가?

① 지원 회사의 채용 사이트에 들어가 꼼꼼히 읽어보고 답하라. 그 회사가 추구하는 인재상은 무엇인가? 그 인재상과 내 역량이 잘 맞는가?

② 채용 사이트의 Q&A를 꼼꼼하게 읽어보고 채용 담당자가 추구하는 핵심 가치와 내가 추구하는 직업 가치관의 공통점을 찾아라.

③ 지원 회사의 현재 CEO는 누구이며, 그의 철학은 무엇인가? 내가 지원하려는 부서는 어디이며, 그곳에서 어떤 역할을 맡고 싶은가? 그들이 일하는 방식은 다른 회사와 어떤 차이점이 있는가?

④ 지원 회사의 채용 프로세스는 어떻게 진행되며, 자신과 그 조직 문화의 적합성이 맞는가?

⑤ 채용 시 예상 질문에 대한 시나리오는 어떻게 준비하고 있는가? 면접관이 당혹스러운 질문을 하면 어떻게 답변할 것인가?

참고문헌

· 김문관, 〈유니버섬, '2019 가장 매력적인 고용주' 순위 발표 삼성, 세계 8위…아마존 · 페이스북 제쳐〉, 이코노미조선 319호 2019.10.14.

· 백봉삼, 〈인크루트, 전국 대학생 1080명 설문조사〉, ZDNet Korea, 2022.6.28.

· 이명지, 〈귀한 몸 된 '대리 · 과장', 채용도 어렵네〉, 한경BUSINESS, 2022.6.13.

· 이소아, 〈P&G는 'CEO 사관학교'…롯데 · LG · 카카오엔터까지 죄다 꿰찼다〉, 중앙일보, 2021.11.30.

· 이중대, 〈왜 '고용주 브랜딩'에 주목해야 하는가〉, The PR TIMES, 2018.7.2.

· 이축복, 〈쑥쑥 크는 채용 정보 시장…블라인드 · 리멤버도 가세〉, 매일경제, 2022.5.17.

· 정상희, 〈20대 취준생 10명 중 6명 "채용 경험 불쾌하면 다시 지원 안 해"〉, 파이낸셜뉴스, 2022.5.16.

· 정채희, 〈"오히려 좋아" 토스에 지원자 몰리는 이유〉, 한경BUSINESS, 2022.6.30.

· 리드 헤이스팅스, 에린 마이어, 《규칙 없음》, 이경남 옮김, RHK, 2020.

· MapleUs+ : https://blog.maplestory.nexon.com/recruitment/

· employer-brand
  : https://www.webershandwick.com/news/the-employer-brand-credibility-gap-bridging-the-divide/

02

메타버스 면접

미래는 여기 있다.
아직 널리 퍼지지 않았을 뿐이다.
- 윌리엄 깁슨

메타버스 면접

이제 가상현실에서 면접을 본다

2022년 채용 트렌드에서 코로나로 부상한 '메타버스'가 채용 박람회를 바꾸었다면, 2023년에는 MZ세대가 주축이 되면서 메타버스가 면접까지 확장될 것으로 보인다. '메타버스(Metaverse)'란 가상·초월을 뜻하는 영어 단어 '메타(Meta)'와 우주·세계를 의미하는 '유니버스(Universe)'의 합성어로, 현실 세계 같은 사회·경제·문화 활동이 이뤄지는 3차원 확장 가상 세계를 이르는 말이다. 메타버스는 가상현실, 증강현실, 사물인터넷, 5G 기술 등이 합쳐져 만들어진 현실과 비현실이 공존하는 디지털 공간이다.

채용 트렌드에서 주목해야 할 것은 메타버스가 채용 설명회, 신입 사원 연수, 채용 면접에 이르기까지 HR 전방위로 확대되고 있다는 점이다. 오프라인 채용 설명회를 진행하기 어려운 상황에서 아바타로 '메타버스'라는 가상 공간에 접속해 역시 아바타로 접속한 채용 지원자 수백 명을 대상으로 설명회를 진행한다. 인사 담당자가 대형 컨퍼런스 홀에서 기업 문화 등을 설명하고, 실시간으로 청중의 질의응답을 받는다. 가상 채용 설명회장을 찾은 아바타 상단의 이름표가 명찰 역할을 한다. 실제 채용 설명회처럼 발표 자료를 띄우고 기조연설을 한 뒤 부서별로 소그룹을 나눠 업무 소개를 하고 일대일 질의응답 기회를 제공한다.

MZ세대에게 친숙한 게임 같은 메타버스 기술은 채용 설명회에 그치지 않고 면접장까지 확장되고 있다. 기존의 줌(Zoom), 웹

엑스(Cisco Webex), 구글 미트(Google Meet), 팀즈(MS Teams), 구루미 (Gooroomee) 등 화상 도구를 사용하지 않고 굳이 메타버스 채용 면접을 실시하는 이유는 무엇일까?

화상 면접을 할 때 여러 명의 얼굴을 계속해서 바라보면 피로감이 상당하다. 그러나 메타버스 면접에 '진짜 나(True self)'가 아니라 '가상의 나(Virtual self)'인 아바타로 참여하면 마치 실제 자신을 감춰주는 보호막이 생긴 것처럼 편안함이 생기고, 게임 같아서 재미까지 느낄 수 있다. 딱딱하고 긴장감이 맴돌던 면접장의 분위기도 메타버스 면접으로 크게 달라진다. 이 같은 장점 때문에 메타버스를 면접에 도입하려는 움직임이 활발해지고 있다.

취업준비생들은 면접을 준비하자면 신경쓰이는 게 한두 가지가 아니다. 당연히 비용도 많이 든다. 잡코리아가 취업준비생 539명 대상으로 설문 조사한 결과에 따르면 취업준비생들은 면접 준비에 '평균 48만 원'의 비용이 든다고 대답했다. 그중 대부분은 '면접 복장 마련'에 사용했다. 메타버스 면접에는 고가의 의상, 구두, 헤어, 메이크업이 필요없다. 아바타와 가상 화면으로 자신의 개성을 충분히 표현할 수 있다.

기업의 입장에서는 메타버스를 활용하면 교통비, 인건비, 홍보비용 등 비용이 절약된다. 이런 장점 때문에 메타버스 면접이 널리 확산될 전망이다.

메타버스 면접 – 세계 동향

메타버스 시대, 게임처럼 가상으로 면접을 본다

메타버스 면접의 가장 큰 특징은 다소 딱딱하기 마련인 실제 면접장에서 벗어나 3차원 가상 세계에서 채용 면접을 실시한다는 것이다. 지원자들과 면접관들이 각자 아바타의 모습으로 디지털 공간에 모여 서로 소통하면서 현실처럼 면접을 볼 수 있다. 가상현실과 증강현실을 기반으로 한 새로운 디지털 세계인 메타버스는 지원자들에게 '게임 체인저(Game Changer)'가 될 전망이다. 게임 체인저란 시장의 흐름을 통째로 바꾸거나 판도를 뒤집어놓을 만한 결정적 역할을 한 사람, 사건, 서비스, 제품 등을 가리키는 용어다. 메타버스가 시장의 흐름을 통째로 바꿀 것으로 기대되는 상황이다.

일찌감치 '메타버스에 미래가 있다'고 선언한 페이스북은 최근 사명을 메타(Meta Platforms)로 변경했다. 마크 저커버그 메타 CEO는 "10억 명의 사람들이 메타버스에서 디지털 상품과 콘텐츠 등 자신을 표현할 수 있는 아이템들을 살 것이다. 메타버스를 둘러싸고 거대한 시장이 만들어질 것이다"라고 말했다. 마이크로소프트, 애플 등 글로벌 테크 기업들이 앞다퉈 메타버스의 세상으로 뛰어들고 있는 이유다.

애플 CEO 팀 쿡은 "애플은 메타버스 분야에 큰 잠재력을 지니고 있고 관련 분야에 적극 투자하고 있다"고 밝혔다. 쿡은 애플을 시가총액 3조 달러의 기업으로 키워낸 인물로 기록될 것이다. 메타버스 계획에 관해 계속되는 질문에 그는 "애플 앱스토어에 1만

4000개의 증강현실 애플리케이션이 있다. 투자를 통해 더 많은 증강현실 앱이 나올 것"이라고 답했다. 애플은 2021년 4분기 매출이 1239억 달러(약 149조 2600억 원)로 전 분기 대비 49% 증가했다. 애플은 2025년 자율주행 전기차를 출시할 계획이다. 미국계 금융기관 데이비드슨(D.A Davidson)의 톰 포르테 애널리스트는 "애플의 시가총액이 3조 달러를 돌파한 만큼 신제품 출시 일정을 앞당기기 위한 부담도 늘어났을 것"이라며 "애플이 메타버스 시장에서 주도권을 잡고 애플카를 성공적으로 출시한다면 애플의 시가총액은 3조 달러가 아닌 4조 달러를 충분히 돌파할 것이다"라고 예측했다.

메타버스 게임 '포트나이트'를 개발한 에픽게임즈(Epic Games)의 CEO 팀 스위니는 "메타버스는 인터넷(웹)의 다음 버전이다. 앞으로 사람들은 메타버스에서 일하거나 게임을 하거나 쇼핑을 하는 등 시간을 보낼 것"이라고 말했다. 메타버스는 인터넷의 다음 혁명적 변혁이 될 것이다. 실제로 글로벌 메타버스 시장은 급격한 성장세를 보일 것으로 전망된다. 글로벌 시장조사업체 스트래티지 애널리틱스(Strategy Analytics)는 오는 2025년 메타버스 시장 규모가 311조 원에 달할 것으로 분석했다. 신한금융투자는 2028년까지 연평균 42.9% 성장한 8290억 달러의 시장이 형성될 것으로 내다봤다. 아울러 관련 시장이 8년간 17.4배 확대될 것으로 전망했다.

앞으로의 채용 트렌드는 잠재적인 고용주를 직접 만나거나 화상 면접을 하는 대신 현실처럼 느껴지는 가상 환경 메타버스에서 면접관과 지원자가 상호작용하는 방향으로 변해갈 것이다. 특히나 재택 근무 등 원격으로 일하는 사람들에게는 메타버스가 새로운 직장을 탐색하는 효율적인 환경이 되어줄 것이다.

미국 세대별 메타버스 회의 특징

세대	베이비붐 세대	X세대	밀레니얼 세대	Z세대
출생 시기	1946~1964	1965~1980	1981~1996	1996~2012
2022년 현재 연령	58~76	42~57	26~41	10~25
근로 비율	25%	33%	35%	5%
사회생활	재택근무 시 고립감 느낌	세대 중 재택근무에 가장 적응 잘함	결혼, 취업 등 주요 사회생활 단계	디지털 원주민 온라인 사회생활
재택근무 적응도	재택근무 비율 낮고, 비대면 업무 스킬 부족	재택근무 가장 선호 (자녀가 온라인 학습 중)	세대 중 재택근무에 의한 스트레스 가장 큼	코로나 시대 처음으로 일터에 진입 (18세 이상)
메타버스 회의와 연관된 세대 특징	팀 지향적, 침착한 위기 관리	강한 직업윤리	자기 중심적 자신감, 과당경쟁적	자기 수용적인 차이 수용
미래지향 맞춤형 인사의 초점	일과 삶의 통합	비대면 근무의 확대, 지속화	지속가능한 시공간, 유연근무	100% 비대면 온보딩 제도 필수

가상현실, 유의하지 않으면 소통에 큰 사고가 터진다

메타버스 플랫폼에 대한 이해가 없으면 세대간 소통에 큰 문제가 생길 수 있다. 메타버스로 회의, 교육, 면접 등을 진행할 때 X세대, 밀레니얼 세대, Z세대의 세대별 특징을 살펴보고 세대별 소통을 염두에 둬야 한다. 문화 면에서 특히 주목할 것은 구성원의 70~80%를 차지하는 X세대와 밀레니얼 세대가 공통적으로 '자기중심적(Self-Focused)' 특성을 지녔다는 것이다. 좀 더 구체적으로 살펴보면, X세대는 기성세대를 부정하고 비판하며 개인화를 추구하는 데 비해 밀레니얼 세대는 디지털 네이티브로 글로벌 금융위기 시기에 사회에 진출해 풍족하지 않지만 개성을 극대화하는 경향이 있다.

아울러 기술 인프라에 따른 세대별 이해를 바탕으로 소통해야 한다. 이러한 기본 요소를 갖추지 못한 채 기술 인프라를 사용했다가는 치명적인 결과를 초래할 수도 있다.

베터닷컴(Better.com)은 기업가치가 무려 7조 원에 달하는 초대형 유니콘 기업(기업 가치가 1조 원 이상이고 창업한 지 10년 이하인 비상장 스타트업 기업)으로 상장을 눈앞에 두고 있었다. 그런데 창립자 비샬 가르그 CEO가 줌 미팅 중 900명의 직원을 사전에 아무런 설명도 없이 3분 만에 해고해 사회적으로 큰 물의를 일으켰다. 심지어 몇몇 직원은 이 해고 통보 미팅에 참석도 할 수 없도록 미팅 전 모든 사내 접속을 끊기도 했다. 이후 SNS와 각종 미디어에는 이를 비판하는 글이 쏟아졌다. 회사는 수습 차원에서 사과 성명을 내고 해고자들에게 퇴직금을 2배 지급했다고 발표했지만 상황을 되돌릴 순 없었다. 예정돼 있던 기업 상장은 무기한 연기됐고, 이를 주도한 CEO는 정신 나간 사람이라는 비난을 받으며 이사회로부터 휴직을 명령 받았다.

베터닷컴 사례를 타산지석 삼아 우리 기업들도 리더들의 소통에 문제가 없는지 다시 한 번 성찰해봐야 한다. 이후 가르그는 베터닷컴에 복귀하지 못하고 모기지 대출 회사 책임자로 슬그머니 자리를 옮겼다. 해고된 언더라이팅 트레이너 크리스천 챕맨은 "비즈니스는 사람, 제품, 프로세스로 이뤄집니다. 저는 가르그가 비즈니스의 세 번째 영역인 사람을 발전시켜야 한다고 봅니다"라고 지적했다.

위기의 순간, 리더십의 진정한 모습이 드러난다. 나쁜 소식을 전할 때는 상대의 감정에 공감을 표현하는 것이 중요하다. 다른 선택지가 없다면 퇴직자 업무 체크를 꼼꼼하게 해야 한다. 인수인계, 개인용품 및 PC의 개인정보 정리하기, 물품 반납, 사원증 반납, 사내 통신망의 이메일 백업 및 삭제, 퇴직금, 경력 증명서, 추천서 등 모든 것을 퇴사자 입장에서 배려해야 한다.

가상현실 상황에서 마이크가 켜진 줄 모른 채 이야기하다가 곤경에 처한 경우가 많다. 메타버스에서 면접할 때도 화면이나 마이크 상태를 반드시 확인해 뜻하지 않은 문제를 방지해야 한다.

Job Trend 03 메타버스 면접 – 국내 동향

채용 박람회에 이어 면접까지도 메타버스를 타고 있다

인류는 물질 세상에서 디지털 세상으로 이동 중이다. 구매에서 경험으로, 오프라인 경험에서 온라인 실감으로 넘어가는 이 현상을 대표하는 것이 바로 메타버스다. 비대면 소통이 중요해지면서 채용 설명회, 채용 박람회에 이어 면접장에까지 메타버스가 확산되고 있다. 이처럼 메타버스가 확산되는 이유는 소수 인원으로 진행, 관리하기가 편하기 때문이다. 대면 진행하려면 다수의 인원이 필요하지만 메타버스 채용은 지원자들이 메타버스 환경에 익숙한 세대라서 진행의 편리성이 높고 가격 대비 효과가 좋다. 지원자 입장에서도 물리적 지역에 제한받지 않고 자유롭게 참여할 수 있다. 기업 브랜딩과 관련해서도 신기술을 도입하면 빠르게 긍정적인 이미지를 구축할 수 있다.

코로나가 대유행한 지 3년 만에 동대문디자인플라자(DDP)에서 대면으로 치러진 '2022 금융권 공동채용 박람회'에는 59개 금융 기관 1만 5000명의 지원자가 참여했다. 금융권의 채용 축소로 구직자들의 불안이 가중되자 대면 채용 박람회를 진행한 것이다. 특히 금융권 면접을 체험할 수 있는 '메타버스 모의 면접관'에 구직자들의 관심이 쏠렸다. 모니터를 통해 면접관들이 사전에 지원한 면접자들에게 질문을 던지는 형식으로 진행됐다.

CJ그룹은 메타버스상에서 면접을 보고 입사 4~7년 차 MZ세대 실무진이 1차 면접관을 맡는 인재 채용 실험에 나섰다. 이재현 CJ 회장은 '미래와 인재'를 그룹 경영 화두로 제시하며 "'하고잡이'들이 다양한 기회와 공정한 경쟁을 통해 그동안 다른 기업에서 볼 수 없던 파격적인 보상을 받고, 함께 성장할 수 있는 일터로 만들겠다"고 밝혔다. 여기서 말하는 '하고잡이'는 '뭐든 하고 싶어 하고 일을 스스로 만들어서 하는 사람'이라는 뜻이다. 인재 확보를 강조한 만큼 기존 채용 방식에 획기적인 변화를 꾀하겠다는 의미다. 이를 위해 CJ는 젊은 입사 지원자 중 옥석을 가려내기 위해 이색 채용 절차를 도입했다. CJ제일제당은 서류 전형을 통과한 지원자들을 대상으로 하는 1차 면접에 입사 4~7년 차 실무진이 참여하는 '컬처핏 인터뷰'를 시행한다. CJ대한통운과 CJ ENM에서도 MZ세대 직원이 주니어 면접관으로 면접에 참여한다. CJ올리브네트웍스는 메타버스 플랫폼을 통해 채용 설명회를 진행하고, 메타버스에서 비대면으로 1차 면접을 시행한다. 보통 부장급 이상 고위 직원들이 일방적으로 질문하고 지원자들이 답변하는 형식에서 벗어나 지원자와 쌍방향으로 소통하는 면접 제도를 적극적으로 도입하고 있다.

유통업계도 메타버스를 채용에 적극 활용하고 있다. BGF리테일은 게더타운에서 온라인 채용 박람회를 열었다. 영업 관리, 상품 운영, 마케팅, IT 직무를 희망하는 취업 준비생과 담당자 간 소통 창구로 역할했다. GS리테일의 GS25는 게더타운에서 영(young)마케터 발대식을 가졌다. 비대면 화상 면접을 거쳐 게더타운에서 각자 아바타로 모인 참가자들과 임명장 수여, OX 퀴즈, 캐치 마인드 게임, 그룹 미팅, 단체 사진 촬영 등을 진행했다. 세븐일레븐도 신입 채용 면접과 관련, 메타버스 플랫폼 게더타운에서 이틀간 서류 전형 합격자를 대상으로 역량 면접을 진행했다. 면접자들은 자기 차례가 되면 아바타를 움직여 메타버스 채용 면접장으로 들어가 화상 면접을 봤다. 이후 인턴·최종 면접 단계를 거쳐 최종 신입 사원을 발표한다.

메타버스 면접에선 파워포인트 프레젠테이션이나 포트폴리오 공유가 가능해 직무 역량을 쉽게 확인할 수 있는 장점이 있다. 또한 블라인드 채용처럼 학력 파괴, 연령 제한 타파, 젠더 감수성 등 역량 중심의 채용 프로세스가 가능해진다. 무엇보다 디지털 환경에 익숙한 MZ세대 구직자들과 유연한 상호소통을 할 수 있다는 것이 가장 큰 장점이다.

식품업계에서도 메타버스 채용이 대세다. 아워홈은 온라인 가상 공간에 설치된 채용 설명회장 내부에 회사 소개 영상 상영관, 직무별 담당자 Q&A 부스를 마련해 지원자가 정보를 얻으러 다닐 수 있도록 만들었다. Q&A 부스엔 실제 채용 담당 면접관, 직무별 현업 실무자가 참여해 채용·업무 현장에 대한 생생한 이야기를 전했다.

동원그룹도 메타버스 플랫폼 '커리어톡'에서 고려대, 서강대, 서울대, 성균관대, 연세대, 한양대 6개 대학을 대상으로 채용 박람회를 열고 구직자들과 채용 담당자 간 실시간 일대일 온라인 화상 상담을 진행했다. 롯데푸드는 대학생 마케터 프로그램 '히든 서포터즈' 선발 면접을 게더타운에서 진행한 바 있다.

한화토탈에너지스는 사원 채용 면접을 가상 면접장에서 진행했다. 코로나 대유행 이후 줌을 이용해 온라인 화상 면접을 진행해왔는데, 일대다 면접에서 방을 잘못 찾는 등 오류가 일어나기도 했다. 메타버스에서는 면접자들이 한 공간에 있지만, 일단 면접이 시작되면 면접자와 면접관만 화상 면접을 진행할 수 있어 효율성이 크다. 한화토탈에너지스는 지원자가 회사를 방문한 것처럼 느낄 수 있도록 석유화학 공장과 관련된 이미지를 가상 면접장 곳곳에 구현하고, 회사 정보를 확인할 수 있는 인포메이션, 면접 대기실과 면접실 등을 구축했다.

메타버스를 활용한 면접이기는 하지만, 원격 면접 형태를 벗어나지 않았다는 지적도 있다. 일대일 면접은 줌으로도 충분히 진행할 수 있다. 마케팅 용어 때문에 메타버스 면접장이라는 용어를 썼을 뿐, 사용자 친화적 인터페이스만 달라진 단순한 원격 면접 형태라는 비난이 제기되기도 한다.

올해 구직 활동을 한 MZ세대 구직자 가운데 절반 정도는 가상 세계에서 채용 설명회와 면접을 진행하는 메타버스 채용 프로세스를 더 선호한다고 밝혔다. 취업 포털 잡코리아에 따르면 올해 취업 활동을 한 MZ세대 구직자 390명 가운데 199명인 51.0%가 아바타 면접 등 메타버스 채용 프로세스를 더 선호했다고 밝혔다. 메타버스 채용을 선호하는 이유로는 '대면 면접 및 설명회보다 더 편하게 질문하고 대답할 수 있다'가 40.7%로 가장 많았고, '코로나 감염 위험이 없다'가 38.2%, '이동 시간 및 비용을 절감할 수 있다'가 29.1%로 뒤를 이었다. '발품을 팔아야 하는 오프라인 박람회보다 참여하기가 편하다'는 의견이 29.1%, '원하는 정보를 더 쉽게 얻을 수 있다'라는 의견이 26.6%였다.

한편 오프라인 채용을 선호하는 구직자들은 메타버스 면접 방식을 선호하지 않는 이유로 '면접관의 의도를 정확히 파악하기 어렵다'(31.0%), '메타버스에 익숙하지 않아 정보 격차가 더 벌어질 우려가 있다'(25.7%), '현실 면접보다 긴장감이 풀려 집중도가 떨어진다'(17.5%), '인공지능을 활용하다 보니 데이터 편향적인 면접 결과가 나타날 것으로 우려된다'(11.4%) 등을 꼽았다.

한편 현재 실시되고 있는 메타버스 면접은 '메타버스 면접의 탈을 쓴 화상 면접'이라는 부정적인 의견도 많다. 메타버스 면접을 경험해봤다는 취업준비생 이씨는 메타버스 면접을 한 뒤 부정적인 생각을 갖게 됐다고 했다. "메타버스 면접이라고 해서 뭔가 다를 줄 알았는데, 그냥 얼굴을 화상으로 띄우는 방식이었다. 이러느니 그냥 '줌' 같은 화상 회의 플랫폼을 사용하는 것이 낫겠다는 생각이 들었다. 면접관 얼굴조차 제대로 보이지 않는 데다 참가한 지원자들의 카메라 상태도 좋지 않았다. 사실상 화상 면접인데 아바타 조작까지 해야 하니 오히려 불편하기만 했다"라며 메타버스 면접의 단점을 지적했다. 취업준비생 민씨 역시 "그냥 배경화면이 깔린 '줌'에 불과하다"고 혹평했다. 취업준비생 서씨는 "그냥 화상 면접을 진행해도 되는데 군이 메타버스로 하는 이유를 모르겠다"고 답했다.

메타버스 면접이라고 해서 다 좋은 것은 아니다. 오히려 대면 면접보다 준비해야 할 사항이 더 많다는 것을 알아야 한다. 가상현실 고글을 면접 연습에 활용하는 경우도 있다. 이와 관련, 대학교나 지자체에서 진행하는 가상현실 면접 체험을 활용해보는 것도 좋다. 메타버스 면접의 가장 좋은 점은 무의식적 편견에서 벗어날 수 있는 블라인드 면접이 가능하는 것이다. 메타버스에서는 사용자가 원하는 대로 보일 수 있는 아바타로 소통하기 때문에 불필요한 편견을 피할 수 있다. 하지만 단지 접속하면 되는 화상 면접과 별반 차이가 없다면 그것은 진정한 메타버스 면접이라고 할 수 없다.

Job Trend 04 메타버스 면접을 준비하는 5가지 방법

메타버스 면접은 실제 대면 면접과 상황이 같을 수 없다. 메타버스 면접에 참여할 때는 사전에 인터넷 환경이나 마이크 상태를 확인하는 등 준비해야 할 것들이 있다. 실제 면접을 보는 것인데, 가상현실 환경이다 보니 게임하듯 긴장이 풀려 오히려 좋지 않을 수도 있다. 메타버스 면접 시 유의해야 할 점을 몇 가지 정리해둔다.

1. 메타버스 면접도 대면 면접처럼 긴장해야 한다

메타버스 면접장은 대부분 게더타운 맵으로 설계되어 실재감을 구현한다. 게임처럼 가상현실에서 진행되는 까닭에 다소 긴장감이 떨어질 수 있는데, 면접관의 질문을 가볍게 받아들여 깊이 숙고하지 않은 채 대답해서는 안 된다. 메타버스 면접을 볼 때 지원자는 좀 더 신중해져야 한다. 면접관이 이야기하는 것을 놓치지 않고 경청해야 하며, 대답할 때도 신중히 고민해서 답을 해야 좋은 평가를 받을 수 있다.

2. 메타버스에서는 자신의 이야기를 명확하게 전달해야 한다

가상현실에서는 실제 모습과 다르게 보일 가능성이 크다. 메타버스에서 진짜 자신의 경험, 자격 및 기술 등을 명확하게 전달하기 위해서는 연습할 필요가 있다. 말끝을 흐리지 않고 또박또박 이야기하는 것이 중요하다. 물리적으로 있지 않은 아바타로 면접에 임하다 보니 복잡하고 미묘한 바디랭귀지를 담아내기 어렵다는 것도 감안해야 한다. 이런 이유로, 화상으로 보더라도 잘못된 의사소통이 이뤄질 여지가 크다. 메타버스 상황에서의 대화를 연습해보지 않으면 당황할 수도 있다.

3. 메타버스에서는 시간을 명확하게 인식해야 한다

몰입형 디지털 세계, 메타버스에서 넋 놓고 있다가는 순식간에 시간이 가기 때문에 주의해야 한다. 메타버스에서 면접을 볼 때는 시간에 대한 긴장도가 떨어질 수밖에 없다. 대면 면접을 보기 위해서 교통수단을 통해 이동할 때는 물리적 거리와 실제 비용을 감당해야 하기 때문에 시간을 준수하기 쉽다. 반면 메타버스 면접은 그냥 접속만 하면 되기 때문에 시간 개념이 소홀해지기 쉽다.

4. 메타버스 면접, 시나리오를 적어본다

메타버스 면접이라고 우습게 봐서는 안 된다. 대면 면접을 준비하듯이 면접 예상 질문을 뽑고 답변을 어떻게 할 것인지 시나리오를 적어본다. 그리고 여럿이 실전처럼 시뮬레이션을 해봐야 한다.

5. 메타버스 면접, 튕겨 나가더라도 다시 접속하면 된다

메타버스 면접을 보다가 튕겨 나갈 수도 있다. 놀라고 당황스럽겠지만, 다시 접속하면 된다. 이런 일을 방지하기 위해 접속할 때는 무선보다는 유선을 이용하는 것이 좋다.

메타버스 면접은 가격 대비 효율성, 우수한 접근성 등 여러 가지 장점이 있기 때문에 점차 보편화될 전망이다. 지원자로서 메타버스 환경에 맞게 유연성을 가지고 자신에게 맡겨진 역할을 원활히 수행해낼 수 있도록 준비해야 한다.

참고문헌

- 김경진, 〈"편하네", "안 떨려요" 메타버스 면접 확산〉, 중앙일보, 2022.2.9.
- 박범수, 〈애플도 진출하나.. 팀 쿡 CEO "메타버스 투자하고 있다"〉, 코인데스크코리아, 2022.1.28.
- 박종관, 〈메타버스서 공채 면접 보는 CJ〉, 한국경제, 2022.3.14.
- 박은연, 〈메타버스 시대 HR: 메타버스 시대의 채용〉, 월간 인재경영 2월호, 2022.1.27.
- 송민규, 〈메타버스 채용의 두 얼굴… 취준생 선호하지만, 오히려 불편 의견도〉, 공생공사, 2021.12.24.
- 이경화, 〈"면접은 메타버스로"…유통업계, 가상현실 채용 새바람?〉, 아시아타임즈, 2021.10.6.
- 이슬기, 〈"잡스 없는 애플은 끝" 팀 쿡 비웃더니…10년 후 '역대급 반전'〉, 한경글로벌마켓, 2022.1.4.
- 진상훈 · 김수정, 〈[르포] "3년의 노력이 결실 이뤘으면"… 열기 뜨거웠던 금융권 채용 박람회〉, 2022.8.24.
- 최우리, 〈채용 설명회 이어 면접도 메타버스에서〉, 한겨레, 2022.6.21.
- 김상균, 《메타버스:디지털 지구, 뜨는 것들의 세상》, 플랜비디자인, 2020.
- 김상균, 《메타버스:10년 후 미래를 먼저 보다》, 플랜비디자인, 2022.

https://www.nytimes.com/2022/01/18/business/better-ceo-vishal-garg.html

소 통 을 넘 어 삶 을 공 유 한 다

03
스토리리빙
시대

나는 스토리가 만들어지는 것이라고 생각해본 적이 없다.
스토리는 발견하는 것이다.
마치 지표면 밖으로 끄집어내듯이 말이다.

– 스티븐 킹

'스토리텔링'이 가고 '스토리리빙' 시대가 온다

코로나로 인해 사람들의 생활 방식이 바뀌었다. 비대면 방식이 익숙해지면서 온라인을 통한 활동 및 가상 문화가 급속도로 확산됐다. 메타버스 시대가 되면서 현실과 가상의 융합으로 시공간의 한계를 초월해 다양한 형태의 연결과 소통, 협업 등을 할 수 있게 되었다. 김상균 경희대 교수는 《메타버스》에서 그 특징을 SPICE 모델, 즉 경험(Seamless), 실제감(Presence), 연결(Interoperability), 동시성(Concurrence), 경제 활동(Economy)이라고 정리했다. 여기에 콘텐츠가 덧붙여지면서 일방적으로 감상하는 '스토리텔링'이 아닌 메타버스 세계 안에서 자유롭게 만들어보고 직접 살아보는 '스토리리빙'으로 전환되고 있다.

전통적인 스토리텔링의 종말이 왔다

전통적인 콘텐츠 문법은 일방적인 '스토리텔링'이었다. 스토리텔러는 매력적인 스토리와 플레이 동선을 제공하고 유저는 그것을 따르기만 하면 됐다. 그러나 생산자와 소비자라는 정해진 구조가 허물어지면서 콘텐츠, IP 활용, 콜라보레이션의 폭이 넓어지고 있다. 기본적인 색깔이나 콘셉트 정도로 차별점을 주고 세계관은 열어둔다. '멀티버스(Multiverse)'를 지향하고, 새로운 장을 표방한다. 유저는 특정 세계관을 수행하는 캐릭터로서 접속하는 게 아니라 현실의 나를 연장하거나 '부캐' 기능의 아바타 성격을 유지한다. 플랫폼만 제공하고 유저들의 적극적 개입을 유도한다. 바야흐로 '콘텐츠'에서 '플랫폼'으로 변화하는 것이다. 구글이나 아마존 등이 게임 회사들을 인수합병하는 것은 바로 이런 이유 때문이다. 단순히 콘텐츠를 전달하는 방식에서 벗어나 아예 콘텐츠를 담는 플랫폼을 확보하려는 것이다. 이제 콘텐츠 경제를 이끄는 것은 제작자도 소비자도 아닌 '프로슈머(Prosumer)'다. 메타버스가 기존 게임이나 가상 세계와 다른 핵심은 경제 활동 및 상호작용에 있다. 스토리텔링이 아닌 스토리리빙으로 콘텐츠 경험의 지각이 움직이고 있다.

현재 메타버스는 게임 등 엔터테인먼트 중심으로 구성돼 있지만, 메타버스 관련 기술을 적용하면 시간과 비용을 절감할 수 있기 때문에 조만간 정치, 경제, 교육, 문화, 산업 등 사회 전 영역에서 이용될 것으로 예측된다. 이와 관련, 경제력의 차이에 따라 생겨날 수 있는 정보 격차 문제, 기술의 오남용과 확장된 디지털 공간으로 인한 빅브라더 이슈, 데이터 해킹, 신분 인증, 신종 범죄 등이 우려되는 것도 사실이다. 소위 '메타 폐인'을 양산할 수도 있다. 이처럼 새로운 것이 도입됨에 따라 발생할 문제를 예상하는 한편 역기능을 예측하고 대비해 메타버스가 우리 사회에 긍정적인 영역으로 자리 잡을 수 있도록 윤리 가이드라인이나 관리 감독도 관심을 가지고 지켜봐야 한다.

일방적·과장된 '스토리텔링'에서 쌍방향·현실적 '스토리리빙'으로

2023년 채용 트렌드는 스토리텔링을 넘어 스토리리빙의 시대로 진화할 것이다. 지원자들이 '자소서'를 '자소설'('자기소개서'와 '소설'의 합성어로 자신을 돋보이게 쓴 과장된 자기소개서를 의미한다. 허구적으로 지어서 쓴 자기소개서를 소설에 빗대어 이르는 말)로 써서 서류 전형에 합격해봤자 결국 탈락하게 된다. 게다가 인공지능 채용이 도입되면서 자소설은 서류 전형도 통과하기 어려워졌다.

그렇다면 자소서를 어떻게 써야 할까? 몇 가지 팁을 소개한다. 일단 잦은 미사여구 사용을 지양해야 한다. 표절 검사가 추가되어서 비슷한 문구를 '복사해서 붙여넣기' 하면 떨어지기 쉽다. 자신의 이야기만 일방적으로 다뤄서도 안 된다. 큰 뼈대를 잡아놓고 지원하는 회사와 연결해 스토리를 풀어내야 한다. 회사마다 내세우는 인재상, 사업 분야, 직무 역량이 지원 시기마다 다른 법이다. 같은 경험이라도 회사에 맞춰 얼개를 잡고 풀어내야 한다. 배경과 인물, 사건과 사실, 조직 문화와 직무 역량 등 씨줄과 날줄을 잘 엮어야 살아 있는 스토리가 만들어진다. 기업 분석을 철저히 해서 높은 직무 이해도를 지녔음을 알려야 한다. 지원 직무에 따라 자신이 보유한 역량의 장단점을 객관적으로 파악해 본인의 경험과 진정성 등을 잘 녹여내는 것도 중요하다. 자신이 지원하는 회사, 직무를 잘 이해하고 실제로 근무하게 된다면 자신의 역량을 어떻게 발휘하면서 동료들과 협업할 것인지 비전과 포부를 생생하게 밝혀야 한다.

채용 시장에서도 이야기 전달에 그치는 스토리텔링이 아닌 이야기를 직접 체험하고 함께 공유하는 스토리리빙이 중요해지고 있다. 스토리리빙 시대에는 누구나 콘텐츠 경험을 생산하고 타인과 공유하고 소통 가능한 사용자 중심 콘텐츠를 생성할 수 있다. 이제는 일방적인 전달이 아니라 아무것도 정해진 것 없는 비선형 내러티브 안에서 살아가면서 콘텐츠를 향유하게 될 것이다. 채용 시장에도 경험의 지각 변동이 이루어지는 스토리리빙의 시대가 오고 있다.

메타버스 시대, 스토리텔링의 종말이 온다!

스토리텔링은 전달자가 중심이 된다. 20년 전 메타버스 방식의 선구자 격으로 등장한 '싸이월드'와 '프리챌'은 전달자가 메시지를 전달하는 데 그쳤다. 스토리리빙은 전달자와 참여자가 함께 주인공이 되고 일상이 된다. '로블록스', '세컨드라이프', '제페토', '이프랜드'까지의 역사를 살펴보면 메타버스 열풍 배경으로 이용자와 가상 공간에 존재하는 아바타의 감정적 유대 관계를 강조하지 않을 수 없다. 현재 메타버스에서는 기존 이야기를 단순히 전달하는 스토리텔링을 넘어 이야기 자체가 일상이 되고 이를 공유하는 스토리리빙이 중심이 되고 있다.

스토리리빙은 갑자기 튀어나온 개념이 아니다. 글로벌 마케팅계의 거물로 2010년 브랜드·마케팅회사 '코:컬렉티브(Co:collectiove)'를 창업한 타이 몬태규는 스토리두잉(Storydoing) 개념을 창안했다. 스토리텔링은 기업이나 제품과 연관된 스토리를 대중에게 알리는 작업인 반면, 스토리두잉은 그 스토리를 행동에 옮기기 위한 것이다. 몬태규는 유명 글로벌 기업을 6개 스토리두잉 기업과 35개 스토리텔링 기업으로 나누어 실적을 비교했다. 그 결과, 스토리텔링 기업의 영업이익 성장률(2007~2011년)은 6.1%인 반면, 스토리두잉 기업은 10.4%로 더 높게 나타났다. 일상생활에서의 감동적 이야기를 단순히 전달하는 데 그치지 않고, 이야기를 듣는 사람이 그 이야기에 동화되는 것이 스토리두잉이다. 쉽게 말해, 이야기의 주인공이 되는 것이다. 실제 감정선으로 연결됨으로써 정서적 공감대까지 형성하는 것이다. 메타버스는 과거 동·서양의 계층별 소통 방식의 비교·분석을 통해 단순히 이야기를 전달하는 수준을 뛰어넘어 계층별 소통으로 진화할 계기가 되어줄 것으로 기대된다. 메타버스는 개방과 공유, 참여적 소통 환경에 익숙하거나 쌍방향적 소통을 갈망하는 사용자의 감성과 공감을 끌어내는 데 도움이 된다.

현실의 제약을 넘어 무한한 상상력이 가능한 세상에서 윤리적 가치, 법에 따른 규제, 사업성 등 균형을 맞추는 메타버스 시대에 스토리리빙은 한마디로 상호작용이라고 요약할 수 있다. 영화도 게임도 아닌 가상현실상에서 사용자들이 어떻게 경험하고 상호작용할 것인가가 중요하다. 그 스토리에 직접 참여하고 교감하게 하는 작업이 필수다. 제대로 된 스토리리빙을 하려면 기업의 주력 제품과 어울리면서도 상업적 목적을 뛰어넘는 진정성 있는 스토리를 발굴해내야 한다.

스토리텔링의 종말이 오고 있다

수요보다 공급이 넘쳐나는 시대다. 스토리가 중요하다고 하지만 이제는 유튜브의 '건너뛰기(Skip)'가 필요하다. 스토리를 읽지도 듣지도 않는 시대다. 일방적으로 전달하는 스토리텔링이 필요없는 시대다. 매스미디어의 기세도 한풀 꺾였다. 대중은 스트리밍 플랫폼으로 이동하고 있다. 이에 따라 미디어 역시 대중에게 일방적으로 전달하는 방식에서 개별화되고 선택권이 주어지는 쪽으로 변화하고 있다.

우리는 현재 TV의 종말을 목도하고 있다. 넷플릭스 CEO 리드 헤이스팅스는 2022년 2분기 실적 발표 후 컨퍼런스콜을 통해 "스트리밍 플랫폼으로 이용자가 쏟아져 들어오고 있다. 빠르면 5년 혹은 10년 안에 전통적인 TV의 시대는 끝날 것이다"라고 말했다. UBS 그룹의 미디어 애널리스트 존 호둘릭은 "스포츠 등 라이브 이벤트를 제외하고 전통 TV는 시청의 매력을 크게 잃고 있다"고 말했다. 세계적인 마케팅 전문가 세스 고딘은 "대중을 위한 마케팅 전략은 무용지물이 되었다"고 말했다. 대중에게 일방적으로 전달하던 '스토리텔링의 종말'이 시작된 것이다.

메타버스의 시대에 콘텐츠 없는 IT 회사는 어려움에 직면할 가능성이 높다. 마이크로소프트와 메타가 게임 회사들을 가장 값비싼 인력 채용 방식인 '애크하이어'로 인수하는 사례가 잇따르고 있다. 애크하이어란 '인수(acquisition)'와 '고용(hire)'의 합성어다. 일부 인재를 영입하기 위해 회사를 통째로 산다는 뜻으로, 기술 선점 경쟁이 치열한 미국 실리콘밸리에서 볼 수 있던 투자 형태다. 메타버스는 스토리텔링을 넘어 우리가 스토리 속에서 살아가는 스토리리빙의 시대다. 콘텐츠 없는 IT 회사는 주도권을 빼앗기고 스마트폰 시대에 카메라를 만들던 하드웨어 회사처럼 번영의 그림자로 전락할지도 모른다. 메타버스 시대, 콘텐츠 회사가 IT 회사를 집어삼키고 있다.

스토리텔링은 전달자와 참여자의 메시지 전달이 일방적이지만, 스토리리빙은 세계를 구축하고, 그 세계에서 많은 팬덤과 사용자들이 살아가는 쌍방향 흐름을 보인다. 게임 및 인터랙티브 미디어가 스토리텔링의 전통적인 단방향 커뮤니케이션에서 멀어짐에 따라 사람들이 스토리 자체의 무결성을 훼손하지 않고 이러한 이야기를 자신의 이야기로 전달할 수 있는 더 나은 기회가 나타나고 있다. 루카스필름 게임랩 경영자 비키 돕스 벡은 이를 '스토리리빙'이라고 불렀다. 이러한 새로운 경험은 영화도 아니고 게임도 아니고 한때 우리를 뒤흔드는 매력도 아니다. 우리는 세상에 있고, 의미 있는 선택을 하고 있고, 내러티브를 발전시키고 있다.

디즈니, 향수를 먹고 자라는 '스토리리빙'

스토리텔링을 넘어서 스토리리빙이 본격 출발하고 있다. 참여자가 브랜드와 접하는 지점에서 자연스럽게 브랜드의 생각을 느끼고 공감하며 자연스럽게 함께하는 스토리리빙의 시대가 오고 있다.

월트디즈니 컴퍼니(The Walt Disney Company)는 최근 미국 전역에 복합 주거 단지인 '스토리리빙 바이 디즈니(Storyliving by Disney)'를 조성하겠다고 밝혔다. 스토리리빙 바이 디즈니는 미국 캘리포니아 주

코첼라 밸리에 있는 랜초 미라지에 건설되고 있다. 618에이커(약 75만 6000평)에 달하는 부지에 1900채의 주택이 조성되는 코첼라 밸리는 디즈니의 창시자 월트 디즈니가 과거에 살았던 마을로 알려져 있다.

디즈니 파크 익스피리언스 프로덕트(Disney Parks, Experiences and Products) 경영진인 헬렌 팩은 "작은 마을의 따뜻함과 매력, 그리고 리조트의 아름다움을 갖춘 열정적인 커뮤니티를 기대해달라"고 말했다. 디즈니는 스토리리빙 바이 디즈니의 콘셉트 아트를 공개했는데, 계획에 따르면 24에이커(약 2만 9380평)의 광대한 토지에 별장, 콘도, 집합주택 등이 건설되는 대규모 공동체 단지다. 이 단지의 중심에는 호수가 위치해 디즈니만의 스토리텔링, 장소 만들기 감각이 적극 활용될 예정이다.

디즈니 파크 익스피리언스 프로덕트의 공원 사업부 회장인 조시 다마로는 이렇게 말했다. "100년 동안 디즈니는 전 세계 사람들의 마음과 생각을 감동시키는 이야기를 공유해왔습니다. 22세기를 맞이할 준비를 하면서 우리는 사람들이 어디에 있든 디즈니의 마법을 전할 수 있는 새롭고 흥미로운 방법을 개발하고 있으며, 스토리텔링을 스토리리빙으로 확장하고 있습니다. 우리는 최고의 삶을 누릴 수 있는 이 아름답고 독특한 디즈니 커뮤니티에서 주민들을 환영하기 위해 손꼽아 기다리고 있습니다."

스토리리빙 바이 디즈니에는 주민들의 편의를 위한 쇼핑, 식사, 엔터테인먼트 시설이 마련될 예정이다. 이 밖에 디즈니의 프로그래밍, 엔터테인먼트, 액티비티를 연중 제공하기 위한 호텔과 클럽하우스도 건설된다. 전문적인 디즈니 캐스터들이 주택 단지 운영을 맡으며, 클럽 멤버십 제도를 통해 라이브 공연, 요리 교실, 자선 활동, 세미나 등 선별된 특별 프로그램을 진행할 예정이다. 스토리리빙 바이 디즈니 거주자가 아니어도 일일 이용권을 구매하면 호텔과 상업 시설을 이용할 수 있다.

디즈니는 스토리리빙 바이 디즈니의 상표 설정, 마케팅을 담당하지만 주택 건설과 판매는 제휴를 맺은 외부 개발사가 담당할 것으로 알려졌다. 디즈니가 주택 개발 사업에 뛰어든 것은 이번이 처음은 아니다. 1996년 플로리다에 있는 월트 디즈니 월드 리조트에서 단지 개발을 진행했으며, 2011년 같은 지역에 고급 리조트를 만들었다. 2011년 판매된 주택 가격은 약 160만 달러(19억 원)로 알려졌다.

미국을 대표하는 디즈니는 '세계에서 가장 큰 엔터테인먼트 회사'로 불린다. 마블(Marvel), 루카스필름(Lucas Film), 픽사(pixar), 21세기 폭스(21st Century Fox), ABC, ESPN 등 엔터테인먼트 회사와 제작사를 소유하고 있으며 디즈니랜드 같은 테마파크를 운영 중이기 때문이다. 이미 디즈니는 자사의 다양한 캐릭터를 활용해 세계 곳곳의 테마파크, 호텔 등 실제 공간에서 디즈니 캐릭터의 향수를 느끼면서 여가를 즐기도록 하고 있다. 디즈니가 말하는 스토리리빙은 어렸을 때부터 동경해온 디즈니 공간에 실제 참여해서 희로애락을 느낄 수 있는 커뮤니티다.

2016년 11월, 미국 메이저리그 시카고 컵스(Chicago Cubs)는 108년 만에 월드시리즈에서 우승하는 짜릿한 순간을 맛보았다. 〈뉴욕 타임즈〉는 결승전이 치러진 리글리 필드 구장 밖에서 우승이 결정된 순간에 환호하는 관중을 360도 동영상으로 촬영해 유튜브에 올려 다른 지역의 팬들도 현장의 감동을 생생하게 느낄 수 있게 했다.

나이키(Nike) 역시 스토리텔링을 넘어서 스토리리빙으로 변화하고 있다. 단순히 운동화와 운동복을 파는 스포츠 브랜드가 아니라, 자사 제품을 소비하는 방식까지 바꾸는 디지털 트랜스포메이션을 진행하고 있다.

최근에 나이키는 가상 운동화 브랜드인 RTFKT를 인수했다. RTFKT는 2020년 1월에 설립된 신생 기업이지만 NFT 거래소인 오픈시(OpenSea)에서 전체 NFT 프로젝트 중 거래액 1위를 기록한 럭셔리 NFT의 강자다. 이 회사는 여러 아티스트들이 컴퓨터 그래픽으로 만든 가상 신발과 패션 아이템들을 NFT화해서 판매 중이다.

2021년 현재 디지털 아트 세계에서 가장 주목받는 18세 아티스트 FEWOCiOUS와의 협업한 621켤레의 NFT는 판매 5분여 만에 완판됐다. 총 310만 달러(약 37억 원)의 매출을 기록했는데, 이 상품들은 몇 주 만에 NFT 마켓에서 두 배 넘는 가격에 재판매될 정도로 큰 인기를 끌었다.

존 도나호 나이키 CEO는 "스포츠와 창의성, 게임, 문화가 교차하는 서비스를 제공할 것"이라며 RTFKT 인수를 통해 나이키의 디지털 혁신을 가속화할 것"이라고 밝혔다.

나이키뿐만이 아니다. 아디다스(Adidas)는 NFT 컬렉션 '인투 메타버스(Into Metaverse)' 프로젝트를 선보였다. 총 3만 개의 NFT를 개당 0.2이더리움, 760달러 정도에 판매해 2300만 달러의 수익을 거둔 것으로 전해진다. 패션 한정판 NFT로는 상당히 가시적인 성과를 낸 것이다. 나이키의 행보도 거침없다. 나이키도 NFT 프로젝트들과 수익 창출 가능성이 기대되고 있다. 나이키는 앞서 11월 미 특허청에 나이키 로고와 '에어 조던' 등의 상표, '저스트 두 잇(JUST DO IT)' 같은 모토까지 가상 상품 제작 판매를 위해 6개의 상표 출원을 등록했다. 이 또한 NFT 상품을 위한 기반이다.

나이키가 RTFKT 인수에 나선 또 다른 이유는 증강현실 기술로 가상 피팅을 할 수 있기 때문이다. 이 기술을 이용하면 카메라로 자신의 발을 비춰 가상 신발을 착용한 모습을 볼 수 있다. 나이키는 최근 D2C(Direct to Consumer) 전략을 취하면서 직접적으로 전달하는 디지털 경험을 굉장히 중요하게 생각하고 있다. 이밖에도 RTFKT의 기술을 활용한 다양한 서비스들이 나올 전망이다.

도나호 CEO가 부임하기 전, 나이키는 시장점유율이 줄어드는 상황이었다. 오프라인 매장 고객이 감소하는 상황에서 나이키는 자체 매장과 웹사이트, 특히 '스니커즈'라는 자체 앱을 활용하는 '나이키 다이렉트' D2C 전략을 세워 수익률 개선에 나섰다. 이스라엘 스타트업 '인버텍스(Invertex)'를 인수한 나이키는 고객이 집에서 직접 발 크기를 측정해 자신의 신발 사이즈를 찾는 나이키 핏 앱을 만들고, 아동용 운동화 구독 서비스 등 개인의 취향을 직접적으로 저격하는 맞춤형 서비스를 시작했다. 무엇보다 '스니커즈' 앱과 나이키 프리미엄 멤버십을 통해 방대한 데이터 자산을 쌓았으며, 이를 기반으로 소비자가 원하는 제품을 내놓으면서 시장점유율을 되찾기 시작했다. D2C 매출을 보면 2016년 7000만 달러에 불과했던 것이 지난해 10억 달러까지 늘었다. 도나호 CEO는 '디지털화의 최전선'이라 볼 수 있는 메타버스로의 변화도 체험과 경험의 욕구를 만족시켜서 브랜드 가치를 높이고 나이키 브랜드를 소비하는 방식을 다양화하는 데 이용하고 있다.

나이키는 단순히 브랜드를 일방적으로 스토리텔링하는 방식에서 벗어나기 시작했다. 스토리빙 전략으로 고객이 직접 신발 사이즈를 찾아주는 앱을 이용하고, 개인 취향 맞춤형 서비스를 통해 함께 이야깃거리를 만들고 경험할 수 있는 공간을 만들어서 만족감을 극대화시키고 있는 것. 나이키 제국에서 스토리가 생생하게 살아나는 모습이다.

이렇게 생생한 경험을 제공하기 위해 비용이 많이 소요되는 문제도 있지만 가상현실을 경험한 직후 사람들은 때로 감정적으로 안좋은 영향을 받을 수도 있다. 특히 감정적으로 민감한 주제를 전달할 때, 그로 인해 상처받을 수 있다. 뤼미에르 형제가 만든 세계 최초의 영화 〈열차의 도착〉은 아무런 스토리 없이 열차가 도착하는 장면을 50초간 보여주는데, 당시 이 영화를 본 사람들은 비명을 지르면서 달아났다고 한다. 19세기 후반 사람들처럼 21세기를 사는 우리도 가상현실에 들어갈 때와 다시 현실 세계로 돌아올 때 놀라거나 충격을 받을 수 있다. 따라서 영화의 시작과 끝에 제목과 엔딩 크레디트를 제공하듯이, 가상현실을 출입할 때도 사용자가 인지할 수 있는 신호를 줘야 한다. 스토리빙에서도 오프닝과 클로징이 그만큼 중요하다는 말이다.

스토리리빙 시대 – 국내 동향

스토리리빙의 시대, 자신이 원하는 것을 공유한다

메타버스 플랫폼이 더 활발히 활용되면 한류의 양상 역시 변화할 것이다. 현재 한류 팬들은 한류 콘텐츠를 소비하고 2·3차 창작물을 만들어내고 있다. 다만 팬들이 만들어내는 창작물로 돈을 버는 건 플랫폼 사업자였다. 하지만 팬이 직접 플레이어가 돼 움직이는 메타버스 플랫폼이 커지면, 팬들이 그들의 창작물로 직접 돈을 벌어들이게 될 것이다. 이것이 스토리리빙이다. 다만 이로 인해 콘텐츠 생산자와 소비자의 경계가 흐려지는 현상도 나타날 것이다. 스토리텔링을 소비하는 소비자에서 스토리리빙을 하는 생산자가 되는 것이다.

유통가에서도 NFT나 메타버스를 마케팅에 활용하고 있다. 소비를 주도하는 MZ세대와의 접촉을 확대하려는 전략으로 해석할 수 있다. 메타버스에 관심 많은 2030세대를 겨냥해 자사 브랜드를 각인시키고, 플랫폼 이용을 유도해 고객층을 확대하려는 것이다. 김진설 SSG닷컴 마케팅담당은 "앞으로는 콘텐츠를 바탕으로 새로운 세계를 만들고 그 안에서 살아가는 '스토리리빙'의 시대가 올 것"이라며 "장기적인 관점에서 최신 기술을 활용해 고객과 더 적극적으로 소통하고, 양방향 소통의 기회를 늘리려는 움직임이 이어질 것"이라고 전망했다.

삼성전자는 '칸 라이언즈 2019' 무대에서 '목적이 있는 꿈을 꾸는 사람들, 미래 50년(Dreamers with Purpose: The Next 50 Years)'을 주제

로 미래 전략과 인사이트를 발표했다. 삼성전자는 "창립 50주년을 맞은 삼성전자의 시작은 소비자들의 욕구를 충족시킨다는 단순하면서도 기본적인 아이디어를 바탕으로 한다"며 50여 년이 지난 지금, 이 핵심은 변하지 않았지만 Z세대라는 새로운 세대가 등장하면서 소비자들의 욕구가 변화하기 시작했다"고 했다. 이어 "우리는 소비자가 진짜로 원하는 것, 그들의 삶은 어떻게 변화하고 왜 변하는지에 대해 꾸준히 고민해왔다"며 "Z세대에 관한 리서치를 통해 알아낸 가장 중요한 점은 이들이 목적 있는 꿈을 꾸는 현실주의자라는 것"이라고 강조했다. "매우 높은 기대치를 지닌 Z세대의 가치와 꿈을 알아내 그들이 원하는 것을 할 수 있도록 돕는 것이 삼성전자 브랜드의 사회적 목적"이라며 "Z세대는 단순히 이야기를 전달하는 스토리텔링이 아닌 이야기 자체가 일상이 되고 이를 공유하는 스토리리빙을 선호하는 세대"라며 "이 같은 Z세대의 특징을 잘 파악하고 이들이 원하는 것을 충족시켜야 한다"고 밝혔다.

사람들의 니즈와 열정을 충족시켜온 것이 지난 50년 간 삼성전자를 대표하는 가치였다면 앞으로 50년은 사람들의 삶에 새로운 기회와 경험을 부여하는 것이 중요하다고 본 것이다. Z세대와 함께 더 좋은 세계를 만들어가기 위해 그들의 꿈을 충족시킬 수 있는 기술을 제공하는 것이 삼성전자의 목표다. 이어 "삼성전자는 사물인터넷, 인공지능, 5G 등 전 세계적으로 가장 넓은 카테고리의 테크놀로지를 제공하는 회사"라며 "기술을 통해 모든 사람, 모든 것과 연결돼 새로운 세대가 원하는 꿈을 이룰 수 있게 돕는 것이 삼성전자가 추구하는 미래 50년의 모습"이라고 역설했다.

앞으로 메타버스는 다른 사람의 경험을 꿈처럼 소비할 수 있는 브레인 댄싱(Brain Dancing) 형태로 진화할 것이다. 메타버스 콘텐츠는 단순히 스토리텔링의 선형적 구조로 가는 것이 아니라 세계관 안에서 살아 나가는 스토리리빙으로 진화해야 한다.

메타버스와 관련, 주목할 만한 기업은 이밖에도 많다. 갤럭시코퍼레이션은 국내 최고의 메타버스 아바타 기업이다. 마블 스튜디오 방식의 사업을 구현해 연예인 IP를 메타버스 아바타화하여 방송, 음원, 웹드라마, 콘서트에 활용하는 등 현실과 가상을 오가는 메타버스 세계관을 구축해 각광받고 있다. 최근에는 라이프 플랫폼, 금융권 등 다양한 사업 부문과 업무 협약을 체결하며 메타버스 관련 신성장 사업을 적극적으로 추진하고 있다.

스토리텔링에서 스토리리빙으로, 자신만의 스토리를 살아라!

메타버스 시대에 접어들면서 우리의 인식이 크게 바뀌고 있다. 여기에 코로나 이후 가치관이 크게 달라지면서 삶에서 중요하게 여기는 것이 무엇인지도 점점 달라지고 있다. 영화 제작사 루카스필름의 랩 ILMxLab의 경영자 비키 돕스 벡은 이 같은 기술 변화에 대해 이렇게 말했다. "스토리텔링이 단방향을 벗어나 점차 양방향으로 변화함에 따라 사용자가 기본 스토리 자체의 무결성을 훼손하지 않으면서도 자신의 스토리를 만들어가는 스토리리빙으로 발전하고 있다." 스토리텔링의 시대에서 스토리리빙의 시대로 전환하고 있는 것이다. 지금까지 콘텐츠에 내장된 스토리텔링은 일방적으로 전달하는 단방향으로 진행됐다면, 이제 쌍방향으로 소통하며 새로운 세계를 만들고 그 스토리 안에서 같이 살아가는 시대가 오고 있다. 그것이 스토리리빙이다.

메타버스의 어두운 단면은 어제 오늘의 일이 아니다

"저는 가상현실에서 성추행을 당했습니다." 2016년 가상현실 게임 '퀴브이아르'의 한 이용자가 아바타 성추행 피해를 당한 후 CNN머니와의 인터뷰에서 "과거 실제로 성추행을 당한 적이 있는데 그때의 충격과 크게 다르지 않았다"고 말했다. 피해자의 경험담이 공유되자 퀴브이아르 측은 게임에 성추행 등으로 괴롭히는 상대를 팅겨내버리는 기능인 '퍼스널 버블'을 추가했다. 게임 개발자인 헨리 잭슨은 "손가락으로 가볍게 치는 것만으로 마치 개미를 날리듯 그 나쁜 플레이어를 날려버릴 수 있었다면 글쓴이의 경험이 어떻게 달라졌겠는가"라며 "가상현실은 외상 후 스트레스 장애나 공포증 등을 치료하는 데 도움이 될 수 있다. 가상현실이 구현하는 엄청난 리얼리티 덕에 사람의 심리에 긍정적인 영향을 줄 수 있다면 그 반대 효과 역시 진지하게 받아들여져야 한다"고 지적했다.

현실이 아닌 가상 세계에서도 성교육이 필요하다. 제페토는 인공지능으로 금칙어를 걸러내고 캠페인을 통해 이용자들에게 메타버스 윤리 의식을 고취하는 방식으로 아바타간 성범죄 등을 방지하고 있다. '상대방의 외모 평가를 자제해주세요' 같은 캠페인을 진행하거나 채팅 시 음란한 발언, 불건전한 행위를 금지하는 가이드라인을 지키지 않으면 제재하는 방식이다.

2025년 가상현실 포르노 시장은 14억 달러(약 1조 6000억 원) 규모로 성장할 전망이다. 기존 인터넷 웹사이트에서 수집 가능한 데이터의 범위와 규모, 민감도와 비교하면 그 차이가 매우 크다. 스탠퍼드 대학교 가상인간상호작용연구실(VirtualHuman Interaction Lab)에 따르면, 20분간 가상현실을 체험하는 동안 사용자로부터 200만 개의 데이터포인트가 수집되었다.

미국 퍼듀대학교는 2017년 〈포켓몬고로 인한 죽음(Deathby Poke'mon Go)〉이라는 제목의 보고서를 발표했다. 연구진은 2015년 3월부터 2016년 11월까지 인디애나주 티페카누 카운티에서 발생한 1만 2000여 건의 교통사고 데이터를 분석했다. 그 결과, '포켓몬고'가 출시된 2016년 7월 이후 교통사고 발생률이 크게 증가했으며, 특히 몬스터볼을 획득할 수 있는 '포켓스탑'에서 100미터 이내 지역에서 교통사고가 26.5% 증가했다는 사실을 알아냈다. 사고 원인 중에는 '산만한 운전'이 눈에 띄게 늘어났다. 연구진은 게임 출시 후 148일간 티페카누 카운티에서 포켓몬고로 인해 발생한 사고가 134건으로 추정된다고 전했다. 이로 인해 발생한 재산 피해는 50만 달러(약 5억 3850만 원), 부상자는 31명, 사망자는 2명이라고 덧붙였다. 연구팀은 티페카누 카운티의 통계를 근거로 지난해 미국 전역에서 발생한 14만 5632건의 교통사고가 포켓몬고와 관련 있다고 추정했다. 부상자는 2만 9370명, 사망자는 256명에 이른다고 덧붙였다.

연구를 주도한 마라 파치오 교수와 존 맥코넬 교수는 "포켓몬고가 출시된 이후 148일간 포켓스탑 부근에서 운전하면서 게임한 사람들로 인해 미국 전역에서 소비된 경제적 비용은 20억~73억 달러(약 2조~7조 8000억 원)에 달한다"고 밝혔다. 이와 관련, 포켓몬고 개발사

나이언틱(Niantic)은 운전 중 포켓몬고를 할 수 없도록 다양한 예방책을 마련하고 있다. 걷는 속도보다 빠르게 움직이면 '운전 중에는 포켓몬고를 하지 말라'는 메시지가 떠오른다. 움직이는 차량에 탑승하면 운전자가 아닌 단순 승객인지 주기적으로 확인한다. 또 시속 30마일이 넘는 속도로 움직이면 포켓몬스터가 등장하지 않는다.

메타버스는 만능열쇠가 아니다. 메타버스에서 일어날 수 있는 사고를 예방하려는 노력이 필요하다.

스토리의 전달에서 스토리의 향유로 변화하는 5가지 방법

메타버스 콘텐츠가 변화하고 있다. 일방적으로 스토리를 전달하는 시대는 끝났다. 이제는 사용자가 개입해 스스로 스토리를 생산하는 스토리리빙이 가능한 최적의 플랫폼을 만드는 데 많은 노력이 집중되고 있다. 스토리만 쌍방향성을 띠는 것이 아니라 수익과 관련해서도 발생할 수익을 배분해 선순환 구조를 만드는 비즈니스 모델이 각광받고 있다. 유튜브의 비즈니스 모델이 그 전형적 사례다.

전통적인 콘텐츠 문법은 스토리텔링으로, 생산자와 소비자가 이미 정해져 있는 구조였다. 하지만 메타버스 시대가 오면서 스토리텔링의 종말이 시작됐다. 기존 문법이 허물어지고 새로운 스토리 문법이 나타나면서 콘텐츠, IP 활용, 콜라보레이션의 폭도 넓어졌다. 스토리리빙은 스스로 자신을 표현하고 경험을 공유하는 행위로 원초적인 욕망을 자극한다. 스토리리빙 시대를 선도하려면 어떻게 해야할까? 아래 몇 가지 방법을 제시한다.

1. 상호작용을 통해 고객과 견고한 관계를 쌓아라

옛날에는 스토리를 전달하고 빠지는 시대였다. 메타버스가 기존 게임이나 가상 세계와 다른 핵심은 바로 상호작용에 있다. 바야흐로 스토리리빙의 시대다. 스토리텔링이 아닌 스토리리빙으로 콘텐츠를 경험하기 때문에 고객과의 견고한 관계가 중요하다. 따라서 고객과의 견고한 애착과 소통이 중요해지고 있다.

2. 고객의 일상 속으로 파고들어 다양한 체험을 제공해라

기업들은 소비자를 설득하는 것을 넘어서 소비자의 일상 속으로 파고들어 그들에게 다양한 체험을 제공해야 한다. 메타버스 세상에서는 경험하는 것과 소유하는 것이 분리된다. 소유하지 않아도 다양한 경험을 할 수 있는 세상이 왔다.

3. 콘텐츠를 이끄는 프로슈머를 내 편으로 만들어라

옛날에는 생산자와 소비자가 따로 나누어져 있었다. 이제 콘텐츠 경제를 이끄는 것은 단순 제작자도 소비자도 아닌 프로슈머(Prosumer)다. 그들을 내 편으로 만들어야 한다.

4. 타인이 행동을 취하도록 영향력을 행사하고 자극하라

리더의 새로운 역할은 정보를 독점하는 것이 아니다. 스토리텔링이 아닌 스토리리빙의 시대, 팩트(Fact)에 집착하지 마라. 존 코터 하버드대학 교수는 "행동의 변화는 대부분 사람들의 감정에 호소할 때 나타난다"라고 말했다. 메타버스로 물리적 제약이 약해지면서 타인과 서로 영향력을 주고받기 쉬워졌다. 이제 어떻게 긍휼감을 가지고 그들과 소통할 것인가 질문하라.

5. 스토리를 향유할 때 스토리와 행동을 일관성 있게 일치시켜라

스토리리빙 시대에는 말과 행동이 일치해야 한다. 스토리는 공유되고 기억되면서 향유된다. 스토리는 언행일치될 때 그 힘이 점점 확장된다. 스토리를 지배하는 자는 망하고, 스토리를 공유하는 자는 흥한다.

누군가 일방적으로 던지는 스토리텔링은 사라지고, 서로 함께 이야기를 만드는 스토리, 다른 사람들에 의해서 반복되는 스토리의 힘이 강해지고 있다. 이제 바야흐로 스토리리빙의 시대다.

참고문헌

· 김동호, 최용호 CHO, 〈'메타버스 콘텐츠 포럼'서 강렬한 인상…"스토리리빙 시대 맞을 것"〉, 2022.6.29.

· 김미경 외, 《세븐테크: 3년 후 당신의 미래를 바꿀 7가지 기술》, 웅진지식하우스, 2022.

· 김수경, 〈삼성전자 "스토리텔링에서 스토리리빙으로"〉, 2019 Cannes Lions, 2019.6.28.

· 김학재, 디지털미디어연구회, 〈"메타버스 출판산업 접목이 소통의 진화"〉, 파이낸셜뉴스, 2021.8.31.

· 서동민, 〈'포켓몬고' 때문에…美 연구진 "사망 256명, 교통사고 14만 건"〉, 한경닷컴 게임톡, 2017.11.29

· 손정빈, 〈[2022 뉴시스 한류엑스포] 김상균 교수 "한류의 미래는 덕업일치"〉, 뉴시스, 2022.8.25.

· 조연, 〈메타버스 올라탄 나이키…새 성장 엔진에 월가도 호평 [뉴욕증시 A to Z]〉, 한국경제TV, 2021.12.20.

· 정채희, 〈메타버스 안 추악한 그늘, '아바타 성범죄'〉, 한경BUSINESS, 2022.2.21.

· 가브리엘 돌라, 야미니 나이두, 《팩트보다 강력한 스토리텔링의 힘》, 트로이목마, 2017.

· 김상균, 《메타버스: 10년 후 미래를 먼저 보다》, 플랜비디자인, 2022.

https://www.linkedin.com/pulse/metaverse-shift-from-storytelling-story-living-anjuli-gopalakrishna/?trk=articles_directory

https://vimeo.com/505479900

04

워라블
전성시대

일을 즐기면 일의 완성도가 높아진다.

- 아리스토텔레스

01 일과 삶이 뒤섞이는 워크 라이프 블랜딩

"일을 잘하지 못해서 회사 생활이 힘든데, 집에 가서 쉰다고 행복할까요?"

이제 워라밸을 넘어 워라블의 시대다. '일과 삶의 균형'을 뜻하는 '워크 라이프 밸런스(Work-Life Balance)', 즉 워라밸은 개인의 업무와 사생활 간의 균형을 중요시하는 용어로 널리 사용되어왔다. 워라블은 '워크 라이프 블렌딩(work-life blending)'의 줄임말로 일과 삶을 적절히 섞는다는 뜻이다.

코로나 이후 기업마다 재택근무가 확산되면서 업무를 처리하는 사무실 공간과 개인 생활을 보내는 집의 개념이 모호해졌다. 이에 집(home)과 사무실(office)를 합친 '홈피스'라는 말이 등장하는 등 일과 삶의 구분이 모호해지는 사람들이 더욱 늘어나고 있다. 저녁 없는 삶, 주말 없는 삶. 워라밸의 본질은 '인간다운 삶'을 추구하는 데 있다. 물리적 시간이 아니라 일과 삶이 추구하는 방향성이 얼마나 일치하는가가 기준점이 되는 것이다. 일과 삶이 조화를 이루는 '워라하(Work-Life Harmony)', 일과 삶을 통합하는 '워라인(Work-Life Integration)', 일과 삶을 섞는 '워라블(Work-Life Blending)' 등 일과 생활이 어우러지는 삶을 추구하는 신조어들이 생겨났다. 최근에는 삶이 일을 더 풍성하게 만들어준다는 '워라엔(Work-Life Enrichment)'까지 등장했다.

워라밸이 일과 삶을 별도로 구분해서 균형을 맞추려고 했다면, 워라블은 일을 통해 삶의 가치를 구현하려는 라이프 스타일이다. 정시 퇴근을 보장받는 워라밸을 선호하는 밀레니얼 세대와 달리, Z세대는 일과 삶이 섞이는 워라블을 추구한다. 밀레니얼 세대가 퇴근 후 업무에서 벗어나 가사나 육아에 에너지를 쏟았다면, Z세대는 퇴근 후 자신을 위해 에너지를 쏟는다. Z세대는 일을 단순한 경제 활동 수단으로 여기기보다는 끊임없는 자기계발과 이를 통한 가치 실현 및 성장의 계기로 여긴다.

"지금 하는 일을 단순히 돈 버는 행위로만 생각했는데, 제 정체성과 관련 있더라고요."

과거에는 칼퇴근과 동시에 업무에서 벗어날 수 있었지만, 재택근무 등 코로나로 업무 환경이 바뀌면서 일과 삶을 별도로 구분하기 어려워졌다. 단순히 '일=스트레스'라고 도식화하면 금방 지치게 된다. 일을 즐겁게 할 수 있는 방법을 찾아야 한다.

"일과 관련해서 취미 생활을 발견했어요. 글쓰는 일을 했는데, 그림을 그리게 된 거죠."

마치 칵테일처럼 일과 삶이 적절히 블렌딩되는 것이다. 최근 뜨고 있는 '블렌디드 러닝(blended learning)'은 대면 수업과 온라인 수업을 혼합한 수업 형태다. 처음에는 좋아서 일을 했는데, 직장 생활을 하다 보면 돈을 받은 만큼만 일하게 되기 쉽다. 스스로 일에서 자신의 한계를 설정하게 되는 것이다. 자신의 목표를 달성하려면 집중할 시간이 필요한데 워라밸은 오히려 몰입을 방해한다. 반면 워라블은 일과 삶의 적절히 혼합함으로써 좋아하는 일을 통해 자아실현의 기쁨을 추구한다. 워라블 시대에 조직에서 어떻게 해야 성장할 수 있을까?

미국 청년 세대 사이에서 '조용한 사직(Quiet quitting)'이란 신조어가 유행하고 있다. '조용한 사직'은 '주어진 것 이상으로 일을 더 해야 한다는 생각 자체를 안 하는 것'을 의미한다. 〈워싱턴 포스트〉는 이를 가리켜 "직장인이 개인 생활보다 일을 중시하고 일에 열정적으로 임하는 라이프 스타일을 더 이상 추구하지 않는다는 것을 보여준다"고 평했다. 게다가 비대면, 재택근무가 보편화되면서 일과 생활을 완전히 분리하는 것은 이제 무의미해졌다. '이럴 바엔 차라리'라는 마인드가 젊은 세대 직장인에게 널리 퍼져 있다. 무조건 오후 6시에 퇴근해서 행복을 찾기보다는 좋아하는 일을 함으로써 더 '나다운 삶'을 추구하는 게 바로 워라블이다.

덕업일치 전성 시대가 도래했다

영화 〈마션〉의 작가 앤디 위어는 공학도 출신 소프트웨어 프로그래머로, 재미있는 SF소설을 찾아보다가 자신의 취향을 만족시키는 작품을 좀처럼 찾을 수 없자 급기야 직접 소설 쓰기에 착수, 2009년 99센트짜리 웹 소설로 출간한 《마션》이 뜨거운 반응을 얻자 전업 작가로 변신했다.

이른바 '덕후' 전성 시대다. 1990년대 '오타쿠'라는 용어가 등장했을 때는 물론 최근까지도 덕후라는 단어에는 부정적 시선이 깔려 있었다. 그런데 어느새 덕질하는 이들이 능력자로 인정받기 시작했다. '덕질'과 '직업'이 일치되는 '덕업일치' 전성 시대가 도래한 것이다.

비슷한 말로 '프로추어(Pro-teur)'가 있다. 프로추어는 전문가(Professional)와 비전문가(amateur)가 합쳐진 말로, 프로에 가까운 아마추어를 지칭한다. 시장을 리드하고 새로운 아이디어를 제공하는 프로추어가 프로페셔널보다 각광받고 있다. 프로추어는 직업이 아닌 취미로 하다 보니 열린 태도를 갖는 경우가 많다. 전문가 수준의 지식과 장비 노하우를 갖췄음에도 쉽게 소통 가능한 게 특징이다.

일과 삶이 하나로 통합되다

2018년 4월 아마존 CEO 제프 베이조스는 워라밸을 반대하는 기업인으로 낙인 찍혔다. 사실 그가 내세운 개념은 《채용 트렌드 2020》에서 다룬 '워라하'다. 일과 인생이 조화를 이뤄야 한다는 것, 일과 사생활을 저울에 올려놓고 견주어서는 안 된다는 게 그의 주장이다. 일과 개인 생활이 조화를 이루며 하나의 원을 그려야 한다는 것이다.

몇 년간 노동시장에서는 워라밸이 유행이었다. 퇴근 후에는 업무 전화를 받지 않고, 일이 개인의 삶을 방해할 땐 일을 그만두기도 한다. 가정과 자신에게 소홀하고 오로지 회사에만 매달리는 사람이 많아지면서 나타난 사회 현상이다.

최근에는 워라밸을 넘어서 워라블을 중시하는 사람이 늘고 있다. 일과 삶을 뗄 수 없다고 보는 시각으로, 일과 삶을 적절하게 섞자는 것. 일과 삶을 분리하는 데 거부감을 드러내는 사람들도 있다. 이들은 점심시간을 자기계발 시간으로 활용하는 등 업무 시간 중에도 틈틈이 자신만의 시간을 갖는 것을 즐기며, 퇴근 후 나만의 시간을 보내며 업무에 도움이 되는 영감을 얻기도 한다. 이런 사람들에게 일과 생활은 분리되지 않고 하나의 삶으로 통합된다.

Job Trend 03 워라블 전성 시대 - 국내 동향

과도한 스트레스는 조직 생산성을 해치고 사회경제적 비용을 낳는다. 고용노동부에 따르면 만성 과로와 직무 스트레스로 인한 산업재해는 8105명(2018년 기준)에 이르러 20년 새 6배 많아졌다. 경기개발연구원에 따르면 한국 사회에서 스트레스 비용은 연간 21조 7000억 원에 달한다. 직장 스트레스로 갉아먹는 생산성은 2조 4000억 원으로 추산된다. 사회적으로나 개인적으로 덕업일치의 비결을 탐색해보는 것이 중요한 이유다.

캠코(한국자산관리공사)는 최근 근로 격차 해소, 워라블 일터 조성 등의 성과를 인정받아 고용노동부 주관으로 열린 노사 문화 우수 기업 인증 수여식에서 2022년도 노사 문화 우수 기업으로 선정됐다. 직급별 이해와 배려로 근로 조건 격차를 해소하고, 일과 삶의 융합을 위한 워라블 일터를 조성해 노사의 공로를 인정받은 것이다. 워라블이 점차 기업 문화를 바꾸고 있다.

코로나 팬데믹으로 일과 삶의 균형이 무너지면서 우리는 사상 유례없는 일들을 경험했다. 일반적으로 M세대는 퇴근 시간에 맞춰 퇴근하는 야박한 칼퇴근자가 아니라 '9 to 6'를 보장받는 워라밸을 선호하는 반면, Z세대는 일을 단순히 경제 활동 수단으로 여기기보다 자아 실현과 지적 성장의 계기로 여기는, 일과 삶이 섞이는 워라블을 추구하는 경향이 있다.

45만 구독자를 보유한 유튜브 채널 '드로우앤드류'는 워라블 신봉자다. 그래픽 디자이너로 일하다 유튜버로 변신한 그는 최근 '워라밸에 대한 집착이 나의 20대를 더 불행하게 만들었던 이유'라는 제목의 영상에서 "직장 생활을 하는 동안 워라밸을 추구하다 보니 '회사에 있는 시간은 나쁜 시간'이라는 생각이 들면서 일을 부정하게 되었다"며 "오래전부터 꿈꿨던 콘텐츠 작업을 하면서 일은 삶의 '대척점'이 아닌 '연장선'이라는 것을 알게 됐다"고 말했다.

네이버 웹툰에 연재되는 장봉수 작가의 〈내과 박 원장〉이라는 작품이 있다. 〈내과 박 원장〉은 천신만고 끝에 자신의 병원을 차린 40대 내과 전문의 '박 원장'의 좌충우돌 고군분투를 담은 블랙 코미디물이다. 장 작가는 실제로 의사 자격증이 있는 20년차 의료인 출신이다. 7년간 개인 병원을 운영하다가 문을 닫고 봉직의로 근무하면서 재미 삼아 의사 커뮤니티에 웹툰을 올려봤는데 동료 의사들이 열광해서 정식 연재를 하게 됐다. 문하생 3명을 두고 웹툰 창작에 전념하는 그는 생애 최고 소득을 올리며 의사로 일할 때보다 더 많은 돈을 벌고 있다고 밝혔다. 장 작가는 "어떤 일을 해서 돈 잘 버는 사람을 동경하는 게 아니라 그 일 자체를 동경하는 사람이 진정한 덕업일치를 이룰 수 있다"고 말했다.

덕업일치에 성공한 이들이 강조하는 것은 회사 자체보다 업이 중요하다는 것이다. 강수희 LG CNS 선임은 어릴 적부터 PD를 꿈꾸며 방송국 입사를 준비했지만 현재의 삶에 매우 만족한다. 금융 회사 애플리케이션을 개발하면서 콘텐츠를 직관적이고 흥미롭게 기획하는 일이 PD의 일과 맞닿아 있기 때문이다. 그는 "콘텐츠로 세상에 효용을 주고 싶다는 꿈의 본질은 PD나 개발자나 같다"며 "덕질의 근본적인 지향이 업을 통해 이루고자 하는 것이란 점을 깨닫자 진로를 바꿔도 되겠다는 확신이 들었다"고 말했다.

노동의 가치를 찾기 위해서는 일을 생계 수단으로만 인식해서는 곤란하다. 단순히 돈벌이로만 일을 바라보면 쉽게 지치고 행복감을 느끼기 어렵다. 일은 돈을 버는 수단이자 자아실현의 장으로, 좋아하는 일을 통해 삶의 의미를 찾을 수 있기 때문이다.

파워블로거, 1인 방송 진행자 등 인플루언서들도 프로추어. 프로추어는 프로에 가까운 아마추어를 가리키는 말이다. 프로추어는 전문가와 비슷한 실력을 지녔지만 일반인 같은 친근함을 느낄 수 있어 마케팅 콘텐츠로 활발하게 활용되고 있다. 주 52시간 근무제가 도입된 이후 취미를 중요시하는 사람들이 늘고 있고, 코로나 이후 언택트로 전문 기술을 배울 수 있는 시스템이 잘 갖춰지면서 프로추어는 더욱더 각광받을 전망이다. 바야흐로 덕업일치의 전성 시대다. 워라밸을 넘어 일과 취미가 연결되는 워라블을 추구하는 사람이 증가하고 있다.

이런 추세에 힘입어 집과 사무실이 아닌 '제3의 공간'을 찾는 사람들이 늘고 있다. 워라블을 추구하는 삶은 퇴근 전과 후의 삶을 따로 분리하지 않는다. 자신이 좋아하는 일을 취미처럼 즐기면서 살아가고, 언제든 내키면 영감을 얻을 수 있는 곳으로 여행을 떠난다. 때로는 자연 속에서, 때로는 적당한 백색 소음이 가득한 카페에서 사람들을 관찰하며 일하는 것을 선호한다. 한편으로는 급작스럽게 늘어난 원격 근무로 인해 집에서 일하는 경우가 증가하자 휴식 공간과 근무 공간이 분리되지 않아 업무 효율성 저하를 호소하는 사람들도 나타나고 있다. 워라밸은 지고 워라블이 뜨는 트렌드임은 분명한 사실이다.

04 워라블 시대, 조직에서 성장하는 5가지 방법

1. 일과 삶이 뒤섞이는 시대가 왔다

일과 삶은 분리되기 어렵다. 최근 들어 일과 삶의 융합이 더욱 중요해지고 있다. 일하는 시간은 잠자는 시간, 자유 시간, 가족 시간이 될 수 없다는 현실에 맞서는 대신, 삶의 다른 중요한 측면을 즐기면서 일을 해내는 워라블을 받아들이는 사람들이 나타나고 있다. 결국 일과 삶을 어떻게 섞느냐가 관건이다.

2. 스스로 즐기면서 일할 수 있는 환경을 만들어보자

무조건 억지로 시키는 시대는 지났다. 자유롭게 즐기면서 일할 수 있는 환경을 제공하는 게 중요하다. '원하는 것'과 '해야 하는 것'은 어느 한쪽을 희생해야만 하는 것이 아니다. 해변에서 휴가를 즐기면서 이메일에 답장을 보낼 수 있다. 주말에 동료들과 워크숍을 할 수도 있다. 어디서든 워라블은 가능하다.

3. 재택근무, 교대근무 등 유연성을 제공한다

일하는 시간의 양이 꼭 일의 성과를 보장하지는 않는다. 일할 때의 몰입도가 일의 성과를 만든다. 재택근무, 유연한 교대근무 등 직원에게 유연성을 제공하는 방법이 결국 몰입도도 높인다. 근로자가 스스로 시간을 잘 제어한다면 직원 만족도는 물론 생산성도 향상될 것이다.

4. 현재 직원들과 솔직하게 이야기하는데 집중하라

직원 만족도를 향상시키기 위해서 가장 중요한 것은 솔직한 소통이다. 형식적인 소통은 시간 낭비일 뿐이다. 직원들이 솔직하게 소통하는 환경을 만드는 것이 중요하다.

5. 과로로 성과의 품질이 떨어지지 않도록 주의하라

자칫 워라블이 일의 성과 저하로 이어지지 않도록 주의해야 한다. 일과 삶이 섞이면서 '월화수목금금금'이 되지 않도록 경계하라. 일정한 휴식과 여유가 보장되지 않는다면 워라블은 결국 공염불이 되기 쉽다. 일의 품질이 저하되지 않도록 자유 시간을 확보할 수 있어야 한다.

참고문헌

· 김미란, 〈출근시키려는 자 재택하려는 자" 엔데믹과 신노동학〉, 더스쿠프, 2022.4.20.
· 나윤석, 〈'워라밸'보다 '워라블'… 일과 삶, 잘 섞여야 행복〉, 문화일보, 2022.1.19.
· 명순영, 〈노동 가치의 재발견…'대박' 대신 '따박'의 시대로〉, 매경이코노미, 2022.6.24.
· 송금종, 〈MZ 직장인 '욜로'부터 '조용한 사직'까지〉, 쿠키뉴스, 2022.8.27.
· 오승준, 〈'워라밸' 넘어 '워라블' 시대… 퇴사보다는 직무 바꿔 '덕업일치'를〉, 동아일보, 2022.6.14.
· 전은지, 〈근로 격차 해소, 워라블 조성 캠코, 노사문화 우수기업 됐다〉, 핸드메이커, 2022.07.15.

https://gethppy.com/workplace-happiness/work-life-balance-to-work-life-blending
https://www.psychologytoday.com/us/blog/click-here-happiness/201805/work-life-blending-does-it-work

지원자가 회사를 역채용하는 시대가 온다

05

리버스
리크루팅

성공의 유일한 비결은 다른 사람의 생각을 이해하고,
자신의 입장과 상대방의 입장에서
동시에 사물을 바라볼 줄 아는 능력이다.

– 헨리 포드

리버스 리크루팅

지원자가 회사를 역채용하는, 리버스 리크루팅 시대가 온다

이제 지원자를 기다리는 시대는 끝났다. 기업이 먼저 인재를 찾아 적극적으로 영입 제안을 하고 지원자가 회사를 선택하는, '리버스 리크루팅' 시대가 왔다. 리버스 리크루팅이란 채용 담당자가 지원자를 선택하는 것이 아니라 지원자가 회사를 선택하는 것을 말한다. 한마디로, 기업이 지원한 후보자들 가운데 직원을 뽑는 기존 채용 모델과 반대되는 채용 프로세스다.

진정한 리버스 리크루팅을 위해서는 채용 방식만 바꾸는 게 아니라 기업 문화 자체를 바꿔야 한다. 스티브 잡스는 이렇게 말했다. "스마트한 사람들을 고용하고 그들에게 무엇을 하라고 말하는 것은 이치에 맞지 않다. 우리가 먼저 스마트한 사람들을 찾아내 이들을 고용하고 이들이 우리에게 무엇을 해야 하는지 알려줄 수도 있다."

리버스 리크루팅의 특징

1. 지원자를 기다리지 않고 먼저 채용 제안을 한다. 적극적으로 구직 활동을 하지 않을 가능성이 높은 핵심 인재에게 먼저 채용 제안을 해서 잠재적인 경쟁을 줄이고 다양성을 확보한다.
2. 지원자의 자질에 조직의 직무를 맞출 수 있다. 직무에 억지로 인재를 맞추려고 하다 보니 여러 가지 문제가 발생했는데, 이를 방지할 수 있다.
3. 최종 결정은 기업이 아니라 지원자가 하는 것이다. 결국 모든 주

도권은 지원자가 갖게 된다.

CEO가 전 세계를 돌아다니면서 뛰어난 인재를 찾아 높은 연봉을 제시하더라도 입사 후 원하는 부분이 채워지지 않으면 곧바로 퇴사해버리기도 한다. Z세대는 회사가 추구하는 가치와 목적이 내 삶의 목적과 맞는지, 업무 수행 방식이 투명한지, 나에게 더 많은 기회와 자율성을 제공하는지 계속 확인한다. 회사 자체가 일하고 싶은 조건을 충족시켜야 한다. 이에 따라 인사 담당자들도 변화를 받아들이고 인식을 바꿔야 한다.

사실 인사팀은 대체로 보수적인 편이다. 인사 제도는 바꿀 때마다 잡음이 생길 수밖에 없으니 가능한 한 변화를 도모하지 않은 게 편하기 때문이다. 하지만 코로나 이후 사람들의 인식이 변하고 있다. 그런 변화에 따라가려면 많은 시도를 해야 한다. 여러 채용 방식을 시도해보고, 직원들이 특별한 보상을 원하면 보상도 주고, 역동적인 인사 전략도 써봐야 한다. 무엇보다 중요한 것은 CEO의 역할이다. 재택근무 도입 같은 전사적 의사결정은 인사팀이 마음대로 할 수 없기 때문이다.

좋은 인재가 영입되지 않는다면 스스로에게 질문해보자. 우리 회사는 직원들에게 어떤 가치를 제공하고 있는가? 젊은 직원들이 중심이 되지 않는 기업은 혁신이 이뤄지기 힘들다. 인재를 뽑고 유지하는 것은 CEO의 가장 큰 과제다. 세계 유수 기업 CEO들이 직접 인재를 찾아 나서는 모습이 낯설지 않게 된 이유다.

왜 인사팀에서 인재영입팀으로 변하고 있는가?

카카오, 네오위즈, SK 등의 인사팀이 인재영입팀으로 변하고 있다. 네오위즈는 과거의 수동적인 채용 기능에 머무르지 않고 사업 성과를 만들어내는 조직 리크루팅 역할을 위해 2021년 인재영입팀을 신설했다. 채용의 본질, 그리고 만들어내야 하는 가치와 사업적 성과에 초점을 맞춰, 사업 목표를 달성하는 데 기여할 수 있는 채용 성과를 도출해내는 데 최적화된 리크루터 조직을 만들기 위함이다. 과거의 수동적인 채용에 벗어나 적극적으로 나서는 리크루팅을 하고 있는 것이다.

요즘 기업들은 과거처럼 신입 공채 제도만 활용하지 않는다. 소프트웨어 개발자 10여 명을 공채로 뽑는다고 하자. 사람을 뽑는 것은 만만한 일이 아니다. 공채로 시간과 돈을 낭비하기보다는 수시나 상시로 이미 일을 잘하는 사람을 채용하는 경우가 많아졌다.

과거에는 이름 있는 대기업이 채용 공고를 내면 구직자들이 줄을 섰다. 요즘 구직자들은 '내가 가고 싶은 회사인지' '내가 원하는 일인지' 판단해서 선택한다. 기업과 구직자의 합이 맞아야 채용이 이뤄지는 것이다. 기회가 있으면 이직하는 분위기가 보편화됨에 따라 많은 직원을 뽑아서 교육하고 투자하는 공채의 모습은 사라지고 있다. 점차 수시 채용이 일반화되면서 신입에서 경험이 많은 경력자 위주 채용으로 변화하고 있다.

코로나 이후 '자발적 퇴직자'가 늘어나면서 기업들은 인력 부족에 시달리고 있다. 팬데믹 이후 미국에서는 '일하기 싫다'며 노동 자체를 거부하거나 '더 나은 직장을 찾겠다'는 이유로 회사를 관두는 이례적인 풍토가 생겨났다. 영미권에선 이런 현상을 이른바 '대퇴사 시대'라고 부른다. 대퇴사 시대란 용어는 앤서니 클로츠 UCL 경영학 교수가 2021년 5월 처음 사용하였으며, 1929년 미국 대공황(the Great Depression)처럼 하나의 용어로 자리 잡았다.

2021년 3월부터 8월까지 자발적 퇴사자는 매달 400만 명에 육박했다. 전체 직원 대비 퇴사자 비율인 퇴사율도 2.8~3%대를 기록했다. 이는 최근 20년간 가장 높은 수준이다. 대퇴사 시대의 방향을 돌리기는 어려울 것으로 보인다.

미국 월별 퇴사자 추이

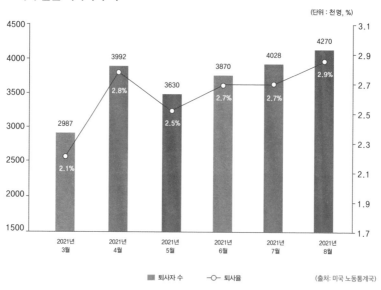

(단위 : 천 명, %)

(출처: 미국 노동통계국)

미국 노동부는 2021년 8월만 해도 430만 명이 일자리를 떠났다고 밝혔다. 국가 노동력의 2.9%에 달하는 사상 최고다. 영국에서도 지난 8월 사상 처음으로 구인 자릿수가 100만 개를 돌파했다. 아데

코그룹(Adecco Group)이 조사한 바에 따르면, 직장을 그만둔 사람들의 비율을 봤을 때 10~15년가량 직장 생활을 지속해온 사람들, 그리고 남성보다 여성의 비율이 더 높았다. 또한 호텔, 레스토랑 등 상대적으로 임금이 낮은 직종의 퇴사 비율이 고임금 직종보다 높았다. 노무컨설팅업체 머서(Mercer) CEO 마틴 페를랑은 "퇴사율이 수개월째 역대 최고 수준에 머무르고 있다"며 "이 때문에 기업들이 이직자를 대체하기 위해 얼마나 더 많은 직원을 채용해야 하는지 제대로 추산하지 못하고 있다"고 분석했다.

최근 미국인들의 퇴사 이유를 조사한 결과, '하루의 대부분을 직장에서 보내는데, 그 대부분의 시간이 행복하지 않아서'라는 의견이 대다수였다. 코로나 이후 직장인들의 우선순위가 바뀌었다는 점도 큰 이유였다. 일을 단순히 생계유지 수단으로 보던 과거와 달리, 일 속에서 나름의 의미를 찾기 시작한 것이다. 이처럼 직원들의 선호도와 우선순위가 뒤바뀐 만큼 일터의 환경도 많이 달라질 것으로 전망된다.

작은 기업은 대기업의 복리후생을 따라가기 어렵다. 이를 직시하고 채용 프로세스부터 바꿔보자. 이를 위해 우선 채용 담당자들의 태도는 어떠한지 첫 대면부터 살펴봐야 한다. 지원자들의 마음을 끌 수 있는 매력이 있는지 전체적으로 점검해봐야 한다. 다수를 위한 기업 홍보 기사나 광고에만 신경 쓰지 말고, 이제는 자신의 기업에 지원한 후보자들에게 더 신경을 써야 할 때다. 리버스 리크루팅 시대다. 채용 담당자가 지원자를 선택하는 것이 아니라 지원자가 회사를 선택한다. 우수한 인재를 영입하기 위해서는 이를 고려해야 한다.

핵심 인재 채용은 늘리되 불필요한 인력은 과감히 쳐낸다

'평생직장'에 대한 직장인들의 기대가 희박해지면서 IT업계를 중심으로 인재 쟁탈전이 치열하게 벌어지고 있다. 채용은 기업의 경영 목표를 실천하고 경쟁우위를 선점하기 위해 가장 우선시되는 활동이다. 채용의 중요성은 예전부터 강조돼왔다. 채용 과정은 기술의 발전과 보급에 따라 큰 변화를 겪어왔다. 특히 인터넷의 발달은 채용 과정을 크게 변화시켰다.

인터넷이 보급됨에 따라 수많은 채용 정보 사이트가 만들어졌다. 구직자들은 매일 아침 신문의 구직란을 살펴보는 대신 국내외 채용 정보 사이트에 접속한다. 관심 기업을 설정해두고 이메일로 관련 정보를 수시로 받아본다. 그뿐 아니다. 구직자는 링크인 등 SNS 플랫폼을 통해 불특정 다수를 대상으로 자신을 피력할 기회를 얻었고, 고용주는 실시간으로 업데이트되는 선택지를 받았다. 링크드인 방식은 현업에서 활약하는 인재를 찾는 데 유용하다. 기업이 원하는 인재가 공개 채용에는 지원하지 않는 경우가 많다는 점을 감안할 때 특히 주목할 만하다. 그러나 이들은 잠재적 구직자 성향도 갖고 있어서 기업이 역으로 스카우트 제안을 할 경우 응할 가능성이 높다.

비대면 풍조로 인해 채용 트렌드의 양극화는 더욱 심각해지고 있다. 한편에서는 "일할 사람이 부족하다"며 구인란이 심각해졌음을 호소하고 한편에서는 "경기가 어려워서 어쩔 수 없이!" 불필요해진 인력을 감축한다.

미국 유력 일간지 〈USA투데이〉는 최근 초비상이다. 매일 아침 구독자들에게 신문을 배달해줄 인력이 부족해서다. 〈USA투데이〉 발행사 개닛(Gannett)은 "신문 배급소의 12%에서 담당자가 구멍 난 상태"라며 "당장 1000여 명의 배달 인력을 구해야 한다"고 밝혔다. 그런데 개닛은 최근 인쇄 부문에서 대규모 해고를 단행했다. 불필요한 인력을 감축해 운영비를 줄여야 한다는 판단에서다.

미국 노동시장에서 상반된 현상이 동시에 일어나고 있다. 일손 부족으로 구인난이 심각한 기업이 있는가 하면 경기 둔화 우려 속에 직원 수를 줄이는 기업도 늘고 있다. 구인난과 해고가 동시에 나타나고 있는 것이다. 이와 관련, 〈파이낸셜 타임스〉는 "한쪽에서는 사람을 구하고 한쪽에서는 자르는 전례 없는 역설이 미국 노동시장에서 일어나고 있다"고 보도했다.

미국 국내총생산(GDP) 증가율이 두 분기 연속 마이너스를 기록하자 기업들은 경기 침체를 대비해 허리띠를 졸라매고 있다. 코인베이스(Coinbase), 골드만삭스(Goldman Sachs), 마이크로소프트, 월마트(Walmart), 넷플릭스 등이 연달아 인력 감축 계획을 발표했다. 구인·구직 컨설팅 기업 챌린저 그레이&크리스마스(CG&C)에 의하면 2022년 7월 미국 기업들이 감축하겠다고 예고한 인력 규모는 총 2만 5810명으로 추산됐다. 지난 6월 기업들은 3만 2517명을 해고했다. 코로나로 전 세계 경제가 직격탄을 맞은 이후 16개월 만의 최대치였다.

머서의 CEO 페를랑은 "최근 고용 흐름은 우리 모두의 머리를 긁적이게 만들었다"고 했다. 인력 중개업체 임플로이브리지(Employ

Bridge)의 수석애널리스트 조아니 빌리는 "미국 경제가 기술적 불황에 직면해 대규모 해고가 일어나고 있지만 노동시장의 한편은 견고하다"며 "인력시장업계에 몸담아온 25년 동안 한 번도 접해보지 못한 형태의 불황"이라고 분석했다. 기업들이 어떤 직원이 필수 인력인지 선별하는 데 나섰다는 해석도 나온다. 핵심 인재 채용은 늘리되 불필요한 인력은 과감히 쳐내고 있는 추세다. 사실 인력을 감축하려면 여러 가지 눈치를 봐야 했지만 코로나 이후 불황을 핑계로 구조조정을 하는 기업들도 늘고 있다.

사회적 거리두기가 전면 해제된 이후 완전히 달라진 환경에서 채용 시장은 어떻게 변화하고 있을까. '사람을 뽑는 사람'이 실수가 잦으면 적합한 인재를 뽑기 어렵다.

코로나 사태가 종식되면 대면 면접으로 완전히 돌아갈 것이라 예상하는 이들도 많았다. 그런데 시간과 비용 면에서 장점이 있는 비대면 면접이 부각되면서 두 형태를 혼합한 '하이브리드 채용(Hybrid Hiring, 아날로그와 디지털을 합친 것)'이 대세로 떠오르고 있다. 가장 눈에 띄는 부분은 비대면 채용 문화의 정착이다. 게다가 재택근무가 확산됨에 따라 다양한 고용 형태가 증가하고 있다. 채용 프로세스가 디지털화되고 PC 홈페이지에 의지하던 채용 방식이 이제 링크드인, 원티드 등 모바일 앱으로 이동하고 있다. 과연 우리 기업은 호감을 가지고 지원한 후보자이자 잠재고객을 어떻게 대하고 있는지 다시 살펴봐야 할 때다.

리버스 리크루팅으로 조직에 맞는 인재를 찾는 것은 더욱 어려워질 전망이다. 핵심 인재를 채용하려는 열의를 가진 기업들도 있지만 '가족 같은 분위기'나 '함께 성장', '존중' 등을 기업의 핵심 가치로 내세우면서도 관성에 젖은 갑질에 익숙한 기업들이 의외로 많다.

채용 갑질 사건, 익명 커뮤니티를 통해 순식간에 퍼진다

최근 구독자 60만 명을 보유한 클래식 유튜브 채널에서 PD를 채용하는데 채용 갑질이 있어 논란이 되고 있다. 직장인 익명 커뮤니티에 '출근 전날 제안 연봉 500 낮춰 부르는 기업 어떻게 생각하세요'라는 제목의 글을 통해 알려진 사건이다.

6년 차 PD라고 밝힌 당사자는, 채용 과정에서 연봉 4000만 원으로 협의했으나 출근을 하루 앞두고 3500만 원의 연봉이 책정됐다는 연락을 받았다. 이 사건이 많은 커뮤니티에서 화제가 되자 대표가 직접 사과 내용을 포함한 해명의 글을 내놓았는데, 여기서 또 문제가 발생했다. 지원자가 스스로 밝히지 않은 이전 직장의 직급과 연봉 등을 거론한 것이다. 개인정보보호법 위반 여부는 차치하더라도, 지원자의 동의 없이 채용 절차에서 얻은 정보를 외부에 공개한 것은 상식에 어긋난다는 비난이 뒤따랐다. 해당 유튜브 채널의 구독자가 대거 감소하자, 결국 대표는 추가로 내놓은 사과문을 통해 대표직을 내려놓겠다는 입장까지 발표했다. 준비되지 않은 채용이 얼마나 문제가 될 수 있는지 알려주는 사례다.

물론 직원을 채용하는 데 있어 각고의 노력을 기울이는 기업이 대다수다. 채용 설명회에도 공을 들이고, 지원한 후보자들을 놓치지 않기 위해 모든 면접을 하루에 진행하는 '원데이 면접' 등을 도입해 경력 지원자가 부담 없이 모든 전형을 치를 수 있도록 해준다. 서류 접수, 온라인 코딩 테스트, 면접까지 전 과정에 소요되는 시간을 최대 10일로 정해둔 기업도 있다.

요즘 IT 기업은 인재난이 심각한 상태다. 개발자들을 사수하려는 스타트업들의 노력은 눈물겹다. IT 기업들이 몰려 있는 판교에서 서울까지 출퇴근하는 개발자들을 위해 서울 강남으로 사옥을 이전하는가 하면 스톡옵션은 기본이고 사이닝 보너스(signing bonus, 입사 시 제공하는 일회성 인센티브)를 제공하는 기업도 많다. 좋은 인재를 추천한 직원에게 거액의 상여금을 지급하는 스타트업도 있다. 임금 인상 또한 역대급으로 이루어지고 있다. LG 계열사는 8~10%, 카카오는 15%, 네이버는 10% 임금을 인상했다. SK하이닉스는 지난해보다 8% 인상했다. 날로 심각해지는 구인난에 학비를 지원하는 것은 물론 채용 보장까지 하며 인재 경쟁이 치열하게 벌어지고 있다.

채용은 직무 적합성, 조직 적합성, 성장성 등을 보고 좋은 동료를 뽑는다는 생각으로 임해야 한다. 예전에는 주로 회사 홈페이지를 홍보 채널로 사용했지만 요즘 취업준비생들은 회사 홈페이지를 방문할 정도로 한가하지 않다. 그들이 모여 있는 곳에 찾아가 홍보해야 하는 이유다.

고용주 브랜드(Employer Branding)는 회사 직원 및 잠재 직원을 대상으로 고용주가 지닌 가치를 전달하는 것이다. 과거 HR 중심의 인재 채용이 외부에 집중했다면, 고용주 브랜딩은 무게중심을 내부로 옮겨 지금 있는 직원들부터 챙겨 인재를 영입하려는 전략이다. 채용 브랜딩(Hiring Branding)은 채용 결과보다 채용 과정을 중요시한다. 여기서 채용 과정은 온보딩에서 오프보딩까지 직원이 경험하는 모든 것을 의미한다. 채용 지원에 소극적인 구직자를 실제 지원자로 만드는 것이 무엇보다 중요하다.

기업이 먼저 면접 제안을 하는 역채용 시대

IT 개발자 인력에 대한 수요가 급격히 늘어나면서 개발자 모시기 경쟁이 치열해지고 있다. 채용 시장에서 개발자의 처우를 개선하기 위한 다양한 움직임이 포착되면서 관련 지원자와 채용 공고도 빠르게 증가하고 있다. 원티드랩이 공개한 자료에 따르면, 지난 3년 간 개발자 채용 공고는 꾸준히 원티드 전체 채용 공고의 40% 이상을 차지했다. 개발자 채용 붐이 거셌던 2022년에도 절반에 가까운 44%에 달했다. 무엇보다 전체 지원건 중 기업이 면접을 제안하는 매치업 지원 비중이 2018년 1%에서 2021년 6월 기준 10%까지 증가했다. 10명 중 1명은 기업이 먼저 인재에게 면접 제안을 하는 '역채용' 사례라는 것이다. 인재가 지원할 때까지 기다리지 않는 채용 시장의 추세를 보여준다. 비교적 낮은 연차의 개발자 층까지 채용난이 일어나고 있는 것은 신입 수준의 개발자를 영입해 숙련 개발자로 키우겠다는 업계의 의지를 엿볼 수 있는 부분이다.

이제 '온보딩(onboarding)'에 집중하는 채용 시대는 끝났다. '온보딩'은 조직에 새로 합류한 사람이 빠르게 조직 문화를 익히고 적응하도록 돕는 과정이다. '조직적 사회화'라고도 부르는 온보딩은 1970년대 만들어진 관리 전문 용어다. 신입 사원이 효과적인 조직 구성원이자 내부자가 되기 위해 필요한 지식, 기술, 행동을 습득하는 과정을 말한다. 한마디로, 새로운 직원을 조직과 문화에 통합시키는 것이 목표다.

그러나 채용 과정에서 가장 중요한 것은 어쩌면 '오프보딩(Offboarding)'일지도 모른다. '오프보딩'이란 온보딩의 반대말로, 조직을 나가는 직원에 대한 퇴사 절차를 의미한다. 온보딩 프로세스와 마찬가지로 오프보딩은 기업별로 절차가 다를 수 있다. 오프보딩의 경우, 웰컴 키트나 이벤트를 제공하는 온보딩보다 조촐하게 진행된다. 퇴사자와 아름답게 헤어지기란 쉬운 일이 아니다. 떠나는 사람은 반드시 자신의 빈 자리를 남기는 법이다. 인공지능 채용 시스템을 도입해서 우수한 인재를 채용할 수는 있지만, 해고하는 과정은 결국 사람이 해야 한다. 기업간 경쟁이 점점 치열해지고 조직 내 사람과 관련된 의사결정의 중요도나 파급력이 더욱 커지는 상황에서 브랜드 전략 차원에서도 퇴사자와의 이별을 잘 해내야 한다. 회사의 이직률이 높아지고 있다면 퇴사하는 사람들의 이야기를 들어보는 것도 방법이다. 이들의 쓴소리는 분명 기업의 발전에 도움이 될 것이다.

핵심 인재의 이탈 위험성을 사전에 파악해 관리하고, 높은 성과를 낼 만한 잠재력 있는 인재를 미리 확보하려는 기업들이 늘어나고 있다. 오프보딩의 변화는 결국 회사의 브랜딩 전략과 채용 유인성 제고에도 기여한다.

리버스 리크루팅에서 유의해야 할 5가지 사항

한국에서는 '역채용'이 다소 생소하지만, 미국 등에서는 공채와 역채용이 각각 절반 정도 비중을 이루고 있다. 기업이 존재하려면 핵심 인재가 필요하다. 핵심 사업을 이끌어갈 만한 인재는 우리 회사에만 지원하는 것이 아니다. 기업이 인재를 채용하는 것이 아니라 우수한 인재가 기업을 고르는, 이른바 '역채용 시대'다.

1. 채용 담당자는 지원자의 입장을 이해해야 한다

평판이 좋은 고용주 브랜드를 보유하면 조직에서 지원자를 모집하고 고용 및 마케팅 비용을 줄이는 데 도움이 된다. 브랜드는 채용을 역전시키는 핵심 요소다. 채용 담당자는 잠재적인 직원인 지원자의 입장에서 소통해야 한다.

2. 지원자의 피드백을 받아 채용 경험을 개선하라

이제 '인재와의 전쟁' 시대다. 지원자들의 피드백을 받아 채용 과정의 문제점을 개선하라. 채용은 조직의 미래이기 때문이다.

3. 회사가 지원자를 선택하는 게 아니라 지원자가 최종 결정하는 것이다

실력 있는 잠재적 직원이 지원하지 않을 수도 있기 때문에 기업이 나서서 적극적으로 채용 제안을 하는 것은 바람직한 일이다. 물론 그렇다고 모든 지원자가 100% 응하는 것은 아니다. 입사 여부를 결정하는 것은 결국 지원자다. 지원자가 주도권을 갖고 있다는 것을 잊지 말아야 한다.

4. 채용 과정이 공정하고 체계적이고 구조화되어야 한다

채용 과정을 단순히 서비스 교육처럼 진행해서는 안 된다. 채용의 본질은 우리 조직과 직무에 적합한 인재를 뽑는 것이다. 그 과정에서 최근 이슈가 되고 있는 것이 공정성이다. 채용 과정의 공정성을 제고하기 위해 채용 과정을 어떻게 설계할 것인지 고민하라.

5. 핵심 인재 영입을 위한 리쿠르터로서의 전문성을 길러라

이제 핵심 인재를 기다리기만 해서는 안 된다. 핵심 인재를 적극적으로 영입하기 위한 조직이 필요하다. 최근 기업들은 인재영입팀을 만들고 어떻게 하면 핵심 인재를 데려올 것인가 고민하기 시작했다. 리쿠르팅을 잘하기 위해서는 리버스 리쿠르팅에 대한 이해를 갖춰야 한다.

참고문헌

- 김종화, 〈개발자 '역채용' 바람…전체 채용 공고 44%가 개발자 구인〉, 2021.7.15.
- 박한나, 〈"면접관에 역으로 질문"…LG디스플레이, 리버스 면접 도입〉, 2022.6.27.
- 신동윤, 〈美 8월 '427만 명이 회사를 박찼다〉, 헤럴드경제, 2021. 10.13
- 이형두, 〈직장인 익명 커뮤니티 '블라인드', 인력 채용 사업 나선다〉, 2020.9.6.
- 오현우, 〈구인난 속 해고 속출…美 고용 시장의 역설〉, 한국경제, 2022.8.12.
- 이소윤, 〈회사로 돌아오지 않는 사람들: 대퇴사 시대(the Great Resignation) 속 기업과 근로자들에게 생길 변화〉, 허핑턴포스트코리아, 2022.1.21.

https://eddy.com/hr-encyclopedia/reverse-recruiting/

잠재적인 호기심을 가진 다재다능인이 뜬다

06

멀티
포텐셜라이트
인재

모든 인간은 최고의 가능성이 있어요.
여러분의 힘과 젊음을 믿어요. 7전 8기 정신을 배우세요.
모든 게 여러분에게 달려 있어요.

— 앙드레 지드

멀티포텐셜라이트 인재상

이제 다재다능인의 시대가 온다!

'멀티포텐셜라이트'란 여러 가지 잠재성을 가진 사람, 또는 관심사가 다양하고 재미있는 삶을 추구하는 사람, 창의적인 활동 분야가 많은 사람을 뜻한다. 여러 방면에 능통한 '팔방미인'과는 약간 다르다. 많은 관심사를 갖고 여러 분야에서 다재다능한 인재를 말하는 것이다.

자기계발 리더십 컨설턴트 에밀리 와프닉은 2010년 '멀티포텐셜라이트'라는 용어를 처음 만들었다. 새로운 분야에 빠져들면 완전히 몰두해서 모든 열정을 쏟아붓는 이들 '멀티포텐셜라이트'는 짧게는 몇 달에서 길게는 몇 년 정도 지나면 놀라울 정도로 해당 분야에 대한 관심이 줄어들면서 이내 다른 분야로 옮겨가는 패턴을 반복한다. 한 가지 일을 길게 깊이 하지 못하는 것은 단점일 수 있다. 이런 이유로 '중도 포기자의 위험성', '괴짜', '만능박사로 여겨지지만 막상 제대로 하는 것은 아무것도 없는 사람'이라는 비판을 받기도 한다. 물론 '한 분야에 전문가가 되는 것'이 성공에 이르는 유일한 길이라고 생각하기 쉽다. 호기심도 많고 하고 싶은 일도 많아 '하나의 진정한 천직'을 찾지 못하면 삶의 목적이 없는 것처럼 간주되기도 한다.

그러나 멀티포텐셜라이트는 새로운 무언가를 만들 때 엄청난 잠재력을 발휘한다. 게다가 호기심이 많을 사람일수록 행복하게 마련이다. 이들은 여러 가지 것들을 탐색하는 데 나중에 이것들이 연결되면 엄청난 시너지가 일어나기도 한다.

이제 하나의 분야에서만 전문가가 되어서는 살아남기 힘든 시대다. 하나의 본업 외에 다양한 분야에서 활동하는 '다재다능인(多才多能人)'이 늘고 있다. 이에 최근 'N잡러'라는 말이 유행하고 있다. 'N잡러'란 2개 이상 복수를 뜻하는 'N'과 직업을 뜻하는 '잡(Job)', 사람을 뜻하는 접미사 '-er'이 더해진 신조어다. 부족한 소득을 늘리려는 목적에 여러 직업을 병행하는 이들이 많아지고 있다. 하지만 이들에게 'N잡'은 단순한 생계 유지 수단에 그치지 않는다. 여러 일과 취미를 병행하면서 본인의 가치를 높이고 자아실현을 추구하는 것이다.

Job Trend 02 멀티포텐셜라이트 인재상 – 세계 동향

전문화된 지식보다 멀티플레이가 살아남는다

폴리매스형 인재상이 백과사전식 지식을 지닌 사람이라면, 멀티포텐셜라이트형 인재상은 호기심이 많고 다방면을 폭넓게 아우르며, 잠재성을 발휘하는 사람이다. 멀티포텐셜라이트의 대표적인 사람이 팀 패리스다. 그는 연기자이며 기업가이자 일과 건강, 그리고 학습에 관한 책을 쓴 강연자다. 탱고 기네스 세계 기록을 보유하고 있으며, 우슈 챔피언이기도 하다. 기업가 겸 발명가이자 애플 공동 창립자로 유명한 산업 디자이너였던 스티브 잡스, 작가 겸 삽화가이면서 자연과학자인 동시에 환경보호 활동가였던 베아트릭스 포터, 경영학자이자 작가, 대학 교수이면서 미국 정부의 자문위원으로 활동한 피터 드러커처럼 자신의 분야가 아니더라도 자신의 분야를 더 잘하기 위해서 계속 다른 분야에 도전해 초보자의 불편함을 기꺼이 감수하고 훈련을 받다 보면 큰 성장을 이룰 수 있다.

멀티포텐셜라이트는 자신의 잠재성을 파악해 새로운 것을 창조하고, 복잡하고 다차원적인 문제들을 해결하면서 자신만의 독특한 방식으로 세상을 더 좋게 만들기 위해 노력하는 사람이다. 진로에 대해 조언을 구하면 이제까지는 '한 분야의 전문가가 되라!'는 말을 들었다. 이를 뒤집는 것이 바로 멀티포텐셜라이트다. 사실 꿈은 꿈을 꿀 때 의미가 있다. 꿈은 현재형이어야지 과거형이 되어서는 안 된다. 잠재성을 억누르면 새로운 목표에 다다를 수 없다. 기업들은 이제 한 분야의 전문가보다 다양한 분야를 두루 아는 사람을 요구한다. 잠재성을 발견하고 도전하는 멀티포텐셜라이트가 뜨고 있다.

애플 CEO 팀 쿡은 2017년 MIT 졸업식 축사에서 이렇게 말했다. "나는 인간처럼 생각하는 능력을 지닌 컴퓨터나 인공지능 때문에 걱정하지 않는다. 내가 걱정하는 것은 오히려 컴퓨터처럼 생각하는 사람들이다." 인공지능이 출연하면서 단순반복적인 일자리는 점점 사라지고 있다. 컴퓨터나 인공지능이 하기 어려운 일을 해야 하는 시대다. 구글은 자기보다 더 나을 사람을 채용하는 것이 원칙이다. 구글에서 채용을 맡았던 라즐로 복은 이렇게 이야기했다. "구글에는 수만 명의 직원과 수십억 명의 사용자가 있다. 무언가를 새롭게 만들어낼 기회는 무궁무진하다. 우리는 이런 일을 하고 싶어 안달이 난 사람들을 뽑는다."

멀티포텐셜라이트 인재가 되는 데는 몇 가지 접근법이 있다.

① 몇 가지 영역을 오가며 많은 역할을 하는 다면적 일이나 사업을 하는 그룹 허그 접근법

② 정기적으로 오고 가는 두 개 이상의 파트타임 일이나 사업을 하는 슬래시 접근법

③ 생계를 완전히 지원하는 풀타임 일이나 사업을 하되, 부업으로 다른 열정을 추구할 만한 충분한 시간과 에너지를 남기는 아인슈타인 접근법

④ 단일 분야에서 몇 달 혹은 몇 년간 일한 후, 방향을 바꿔 새로운 분야에서 새로운 일을 시작하는 피닉스 접근법

내 열정 분야를 아우르는 일을 하거나 분리된 채 그대로 둘 거라면 그룹 허그 접근법이, 풀타임으로 묶이고 싶지 않다면 슬래시 접근법이, 안정성에 가치를 두고 다른 열정을 위한 본업을 가진 상태를 선호하는 편이라면 아인슈타인 접근법이, 하나에 심취하는 것을 좋아하고 많은 다양성을 필요로 하지 않는 다능인이라면 피닉스 접근법이 적합하다. 멀티포텐셜라이트라면 유연한 접근법이 필요하다. 많은 잠재력 중 우선순위를 선택해야 한다. 다만 이는 어느 것에 집중할 것인지 결정하는 정도다. 엄청난 약속 따위는 필요 없다.

평생 다양한 흥미와 직업을 갖는 사람들은 자신을 '다능인'이라고 부른다. 이들은 자신이 관심을 갖는 여러 분야의 아이디어를 통합하는 능력이 뛰어나고, 습득력이 빠르다. 한 가지에 몰두하고, 그 다음에 또 다른 것에 몰두해본 경험이 있기 때문이다. 바로 이 같은 아이디어 통합과 빠른 습득력이야말로 빠르게 변화하는 지금 우

리 사회가 가장 갈망하는 재능 아닐까. '덕후'란 어두컴컴한 골방에서 자신만의 세상을 추구하는 사람이라기보다는 한 가지에 진득하게 빠져서 잘해내지만 그것에 만족하지 않고 또 다른 것에도 관심을 갖고 누구보다 빠르게 습득하고, 자신이 가진 경험들을 잘 융합하는 사람이다. 일도 잘하고, 취미생활도 잘하는 멀티포텐셜라이트는 이 시대 '새로운 덕후'라고 볼 수 있다.

Job Trend 03 멀티포텐셜라이트 인재상 – 국내 동향

최근 '덕업일치'라는 말이 많이 쓰인다. 덕질하는 것과 직업이 일치한다는 뜻이다. 고사성어 형태의 조어다. '덕후'는 일본어 '오타쿠'에서 유래한 말이다. 오타쿠는 일본말로 만화, 게임 등 특정 분야 취미에 심취한 사람들을 가리키는 말이다. 이 단어가 한국에 유입되면서 '오'가 빠지고 '덕후'라는, 다소 한글화된 표현으로 변했다. '덕후'는 업무적으로 남다른 미덕을 가지고 있다. 취미의 범위가 참으로 넓고 심도도 꽤 깊다.

멀티포텐셜라이트 마케터

정혜윤 마케터는 '스페이스오디티' 음악 콘텐츠 회사 소속으로, 흩어져 있는 작가, 작곡가, 가수, 뮤직비디오 감독 등 '오디티(괴짜)'를 모아 협업 네트워크를 이루고, 이들의 데이터를 기반으로 콘텐츠를 만들어내고 있다. 음원 사이트 멜론의 브랜디드 콘텐츠인 '우리 지난날의 온도'는 공개 6주 만에 조회 수 700만을 넘겨 화제를 모았다. 초기에 가수 폴킴, 윤딴딴, 멜로망스를 섭외해 함께 음원을 내기도 했다. 이상함을 표방하지만 대형 기획사 못지않은 성과를 낸 배경에는 멀티포텐셜라이트 마케터가 있다.

광고 에이전시에서 5년, 스타트업에서 5년 일했다. 뉴욕에 있는 대형 아시안 광고 회사 애드아시아를 시작으로 PR 회사 프레인 글로벌 등에서 근무했다. 마케터로서의 활약도 두드러진다. 뉴스레터 붐이 일기 전인 2012년 프레인 글로벌에서 영화 마케팅을 위해 동료들과 함께 뉴스레터를 운영했다. 마케팅업계에서 '일잘러'로 소문이 나기 시작했다. 요즘엔 다능인을 위한 커뮤니티 사이드프로젝트(sideproject.co.kr)를 시작했다. 아이디어도 많고, 습득력도 빠른 데다 적응력까지 뛰어나기 때문에 뭘 해도 잘하고 싶어 진짜 자신의 길을 찾기까지 오랜 시간이 걸리는 멀티포텐셜라이트형 인재다. 작가로서 《오늘도 리추얼: 음악, 나에게 선물하는 시간》, 《독립은 여행》, 《퇴사는 여행》 등 단독 저서, 《브랜드 마케터들의 이야기》, 《n잡 시대에 부쳐》, 《인디펜던트 워커》 인터뷰집 등 공저가 있다. 정혜윤 마케터는 말했다. "다재다능한 멀티포텐셜라이트로서 모두에게 긍정적인 영향을 미치고 싶습니다."

'소통하는 약사'

조영석 씨는 중앙대학교 약학대학 학생이면서 프리랜서 모델로 활동하는 다재다능인이다. 약대생이 되기 전 그는 연기자를 꿈꾸는 배우 지망생이었다. 단편영화와 연극 무대에 출연하며 꿈을 키웠지만, 타고난 재능과 노력으로 연기를 펼치는 주변 지망생들을 보며 벽을 느꼈다.

군 입대 후 자신이 좋아하는 것과 잘하는 것을 곰곰이 생각하며 진로를 고민했다. "제가 잘한다고 생각하는 공부로 승부를 보는 게 더 낫다고 판단했어요. 특히 군 생활을 하면서 읽은 아들러 심리학이 약사의 꿈을 꾸게 하는데 결정적인 역할을 했습니다."

전역 후 약학대학에 입학한 뒤 새로운 꿈의 길로 들어섰다. 학업에 충실한 것은 물론이고 학생회 일원으로서 학과 발전을 위해 헌신했다. 전국약학대학학생협회 정보통신국에서 활동하며 약대생들의 소통 창구 역할을 했다. 이 과정에서 많은 학우들을 만나면서 좋은 약사란 무엇인가 고민했다. "약사는 약이라는 매개체로 많은 사람들과 다양하게 소통하는 직업이라고 생각합니다. 선배 약사들의 모습을 보고 학우들과 얘기를 나누면서 대중과 소통하는 커뮤니케이션 능력이 중요하다는 것을 느꼈습니다."

조씨는 약대생이면서 제품 광고 모델, 웹예능, 웹드라마 등에 출연하는 등 다재다능한 모습을 선보이고 있다. 정확하고 유익한 정보 전달을 위해 콘텐츠 제작에 신중을 기하고, 학과 공부도 열심히 하고 있다. 조씨는 멀티포텐셜라이트 약사로서 자신의 삶을 단단히 구축하고 사회에 기여하고 싶다는 당찬 포부를 밝혔다.

영탁은 멀티포텐셜라이트의 전형

트로트 가수 영탁(본명 박영탁)은 진정한 멀티포텐셜라이트형 인재다. 스페셜리스트형 인재는 우물처럼 양이 예측 가능하다면, 멀티포텐셜라이트형 인재는 벗기면 벗길수록 다양한 스펙트럼이 드러난다. 3개월간 진행된 〈미스터트롯〉 우승자는 임영웅으로 결정됐지만, 순위와 관계없이 이 프로그램의 가장 큰 수혜자를 꼽는다면 영탁일 것이다. 데뷔 15년 차 현역 가수의 다부진 내공을 폭발시켰고, 실력과 매력으로 프로그램이 방송될 때마다 사람의 시선을 집중시켰다. 경연 자리임에도 매 순간 웃음을 잃지 않는 쾌남의 면모로 시청자들의 사랑을 듬뿍 받았다. 또한 경연에서 선보인 노래 〈막걸리 한 잔〉과 결승전에서 선물 받은 신곡 〈찐이야〉는 음원 차트 100위 안에 들며 실속까지 챙겼다.

이 같은 인기의 바탕에 탄탄한 실력이 뒷받침되었음은 물론이다. 3옥타브를 넘나드는 고음을 자랑하는 정확한 기교와 음정 모든 것을 갖춘 실력파 가수로 노래, 춤, 연기, 미술 실력도 뛰어나다. 작사·작곡 능력에 스타의 재능을 알아보고 키워내는 프로듀서로서의 안목도 뛰어나다. 특정 장르에 얽매이지 않고 다양한 장르를 넘나든다. 트로트, 발라드, 재즈, R&B, 랩, 뮤지컬 무슨 장르든 자기 식으로 잘 소화해낸다. 트로트를 부를 때는 진성을, 발라드를 부를 때는 가성을 낸다. 한 사람의 목소리라고 믿기 어려울 정도다.

이렇듯 탄탄한 실력을 갖춰 일찌감치 전문가들 사이에서는 잠재력 있는 가수라고 인정받았지만 뾰족한 하나가 없었다. 2005년 〈가문의 영광〉 OST에 참여하면서 데뷔한 그는 '지방아이돌 소울' '박지(Park G)' 등 그룹으로도 활동하며 다양한 노래를 선보였지만 뜰 만하다가도 가라앉곤 했다. 그렇게 14년 무명 세월을 견뎌왔다.

데뷔 11년 만에 〈누나가 딱이야〉를 발표하며 트로트 가수로 전향, 무대의 맛을 알아갔다. 본인의 경험을 담아 만든 자작곡 〈니가 왜 거기서 나와〉는 나름대로 인기를 끌었다. 그러면서 멀티포텐셜라이트형 인재로서 두각을 나타내기 시작했다. 다방면에서 차곡차곡 쌓아온 실력의 임계치는 〈미스터트롯〉에서 폭발력을 발휘했다. 특히 경연 무대 2라운드에서 〈막걸리 한 잔〉으로 시청자와 마스터들의 마음을 훔쳤고, 결승전에선 작곡가 미션 곡 〈찐이야〉로 훨훨 날았다. 결국 〈미스터트롯〉 진(眞) 임영웅에 이어 선(善)에 올랐다. 기존에 없던 다재다능인 트로트 스타의 탄생이었다.

영탁은 기존의 어떤 스타와도 캐릭터가 겹치지 않는다. 무엇보다 그가 소화해내는 영역의 스펙트럼은 늘 기대치를 넘어선다. 겹겹의 매력에 일단 그의 팬이 되고 나면 팬심이 더 공고해지는 경우가 많다. 한국에서는 특별히 잘하는 것이 없지만 무엇을 하든 중간은 가는 중간계는 인정을 받지 못했다. 게다가 뭐든 시작하면 푹 빠졌다가 순식간에 질려버리기 때문에 인내성이 없다고 외면받을 수 있는 것이 멀티포텐셜라이트형 인재다. 차분히 여유를 갖고 자신의 잠재력을 찾다 보면 다양한 분야의 경험이 뭉치면서 새로운 인재형으로 부각될 것이다.

멀티포텐셜라이트형 인재가 되기 위한 5가지 조건

멀티포텐셜라이트형 인재들은 몸과 마음을 잘 관리해야 한다. 체력이 받쳐줘야 다양한 일을 잘해낼 수 있다. 중간에 포기하지 않고 다양한 경험을 쌓다 보면 결국 새로운 일과 연결된다.

1. 다양한 스펙트럼으로 바라봐라

어느 것이 옳은지 그른지 따질 것이 아니라 서로 다른 의견을 조율하고 융합하며 수렴해서 결정하는 것이 가장 합리적이다. 다시 말해, 하나의 눈으로 보는 '1안 렌즈' 대신 '다중 렌즈'로 바라보고, 전문 분야를 초월해 다양한 스펙트럼을 겸비한 멀티 스페셜리스트의 마인드를 가져야 한다.

2. 경계를 넘나드는 시각을 가져라

분야의 경계를 넘나드는 사람은 한 분야의 기본 지식을 다른 분야에 적용하려고 노력한다. 철학 교수이자 피아니스트로서 쌓은 기술과 경험을 살려 경영컨설팅업체를 운영하는 앤디 터크, 의류 디자인에 수학을 접목한 제인 반스 등이 경계를 넘나드는 시각을 가진 대표적인 인물이다. 여기서 주목할 것은 지금까지 이분법으로 다루던 문제 해결 방식에서 탈피해 새로운 아이디어와 효율성을 찾아야 한다는 것이다.

3. 일과 놀이를 구분하지 마라

아이디어가 가장 잘 떠오를 때가 언제인지 물어보면 '문제에 부닥쳤을 때', '일이 잘못돼 바로잡아야 할 때', '마감 시간이 다가올 때' 등으로 답하는 사람이 있는가 하면 '빈둥빈둥 놀 때', '일과 상관없는 활동을 할 때', '맥주를 두 병째 마셨을 때' 등이라고 답하는 사람도 있다. 전자는 필요에 따라 아이디어를 얻고, 후자는 즐기면서 아이디어를 얻는 것이다. 창조를 실행하는 데는 '일'과 '놀이'라는 두 가지 측면이 있는데, 창조적인 사고에 걸림돌이 되는 요소 중 하나가 일과 놀이를 명확히 구분하는 것이다. 현대 사회에서는 놀이로 얻는 아이디어가 일로 얻는 것보다 더 창조적인 경우가 많다.

4. 새로운 영역을 접목하라

자신의 전문 분야에만 몰두하면 일상적인 전문가 또는 보편적인 전문가 수준을 벗어나기 어렵다. 복합적인 통찰력을 갖추기 위해서는 다른 분야의 서적을 많이 읽고 이를 결합하는 능력을 키우는 것이 중요하다.

5. 잠재된 집중력을 키워라

집중력을 키우려면 열정과 집념이 필요하다. 열정은 어떤 일을 할 때 활력을 가져다주고 누구에게나 닥칠 수 있는 어려움을 기회로 바꾸는 힘이 있다. 그래서 열정이 있는 사람과 열정이 없는 사람 사이에는 엄청난 성과 차이가 있는 것이다. 잠재된 집중력을 키워 멀티포텐셜라이트형 인재로 거듭나자.

참고문헌

· 권정혁, 〈빠르고 집요한 통섭의 천재니까〉, 신동아 2016년 5월호.

· 김민희, 〈팔색조 매력 트로트 다능인 영탁 上〉, topclass 2020년 10월호.

· 김용욱, 〈모델에 배우까지…사회 기여할 다재다능 약사가 꿈〉, 케이-팜뉴스(약사공론), 2021.05.24.

· 에밀리 와프닉, 《모든 것이 되는 법 – 꿈이 너무 많은 당신을 위한 새로운 삶의 방식》, 김보미 옮김, 웅진지식하우스, 2017.12.1.

· 차지현, 〈'다능인(多能人)' 마케터 정혜윤〉, topclass 2020년 10월호.

포 트 폴 리 오 로   당 락 이   결 정 된 다

07

커리어
포트폴리오

본인의 능력을 객관적으로 판단해야 한다.
내가 바보라는 것을 알면 나는 바보가 아니다.

– 워런 버핏

커리어 포트폴리오 시대가 왔다

이력서 한 장으로 평가하는 시대는 끝났다

코로나 이후 커리어 패러다임이 완전히 달라졌다. 과거에는 어느 회사에 근무했는가 하는 경험이 중요했다. 하지만 이제는 '커리어 포트폴리오(Career Portfolio)'가 주목받는 시대다. '커리어 포트폴리오' 란 자신이 현재까지 지내온 이력이나 경력, 학력, 실력과 역량, 경험, 지식, 교육 사항, 자격 사항, 수행해온 프로젝트 등을 종합적으로 제시할 수 있도록 정리한 자료다.

포트폴리오라는 개념은 원래 문화예술 분야에서 많이 쓰였다. 역량을 개발하기 위해서는 우선 기초 단계부터 다양한 분야에 대한 폭넓은 시야를 가져야 할 필요가 있다. 경력 개발을 염두에 둔 다양한 지식의 습득은 점차 전문 분야에 대한 심도 깊고 특수한 사례 및 문제 해결로 이어지면서 다른 분야의 지식과 결합된 융복합적 지식의 창조로 연결되고 가치 있는 지식의 창출로 발전한다.

최근 수시 채용이 부각되면서 우수한 인재를 확보하기 위해 기업들은 포트폴리오를 중요시하고 있다. 특히 SK그룹은 지원 시 자신의 개성을 드러낼 수 있는 포트폴리오를 첨부하라고 요청한다. 지원자의 실제 역량을 중요시하다 보니 포트폴리오를 중시하는 것이다. 단순히 디자인이나 프로그래밍 분야에서만 언급되던 포트폴리오가 점차 지원 분야에 상관없이 요구되고 있는 것. 포트폴리오를 통해 자신의 능력치를 쉽게 드러낼 수 있다는 데 주목한 것이다.

면접장에서는 포토폴리오를 기반으로 깊이 있는 질문을 주고받으며, 기업과 지원자 모두가 서로에 대한 이해도를 높일 수 있다. 더욱이 인턴 등의 경력과 경험을 가진 지원자들이 많아지면서 지원자 전반의 경험이 상향 평준화되었다.

비슷비슷한 스펙과 경력을 가진 것처럼 보이는 지원자 가운데 자신을 돋보이게 만들 방법은 무엇일까? 바로 '포트폴리오'다.

최근 온·오프라인 클래스 플랫폼 '탈잉'은 최근 3년간의 채용 관련 키워드를 분석한 결과, '포트폴리오'의 중요성이 높아졌다고 밝혔다. 2019년 검색량 비중 2위를 차지했던 '자소서'는 2020년부터 점차 비중이 줄기 시작했다. 반면 '포트폴리오', '경력 기술서'는 2020년부터 비중이 높아지면서 2021년 '자소서'를 앞질렀다. 이 같은 결과는 구직자의 학력, 출신 배경 등을 대신해 업무에 필요한 다양한 역량을 객관적으로 확인할 수 있는 기준이 되었기 때문으로 파악된다.

지원할 직무와 관련 없는 스펙을 무분별하게 강조하기보다는 직무에 대한 경험과 지식, 이해를 바탕으로 나만의 전문성을 보여줘야 하는 시대다. 옛날에는 학벌이 그럴듯하거나 자격증만 있으면 충분했지만 이제는 '커리어 포트폴리오'가 필요한 시대다. 한마디로 자신의 전문성을 지속적으로 개선, 개발, 혁신해야 부가가치를 창출할 수 있다. 점차 포트폴리오를 잘 만드는 사람만이 인정받는 사회가 올 전망이다.

자신만의 포트폴리오를 만들어라

이력서나 자기소개서로 승부를 걸던 시대는 지났다. 경력직 이직에 있어 포트폴리오는 필수다. 경력직 채용은 그 사람이 가진 열정이나 태도보다는 당장 실무에 투입할 수 있는 역량을 갖췄는지 여부에 더 집중하게 된다. 이 같은 역량을 보여주기에 가장 적합한 자료가 바로 포트폴리오다. 그러므로 포트폴리오를 함께 첨부한다면 많은 이력서 중에서 주목받으며 합격에 한 발 더 가까워질 것이다.

어도비 포트폴리오(https://portfolio.adobe.com)는 세계적으로 널리 알려진 세련된 포트폴리오 플랫폼이다. 디자인 작업을 하면서 레퍼런스를 찾을 때 유용하다. 비핸스(https://www.behance.net)는 일단 분야가 다양하고, 어도비 소유의 사이트이기 때문에 비핸스에 업로드한 작품을 그대로 어도비 포트폴리오 사이트로 불러와서 편하게 업로드할 수 있다. 테마가 다양해서 사진이나 디자인 작업 등 이미지 위주 포트폴리오 사이트를 구축한다면 어도비 포트폴리오를 추천한다.

최근 어도비가 경쟁업체 피그마(https://www.figma.com)를 200억 달러(약 28조 원)에 인수하기로 하면서 피그마의 공동 창업자 딜런 필드가 주목받고 있다. 여럿이 함께 프로젝트를 디자인할 수 있는 그래픽 편집 플랫폼인 피그마는 코로나를 거치면서 회사 가치가 크게 상승했다. 데스크톱이나 앱에서만 작동하는 경쟁 제품과 달리 브라우저 기반으로 다양한 플랫폼에서 동시에 작동해 어디서나 작업 가능하다. 여기에 어도비보다 값싸고 사용하기 쉽고 협업하기에 수월해 디자이너들 사이에서 피그마는 급속도로 퍼져 나갔다. 피그마의 가파른 성장세는 어도비에 골칫거리였다. 이런 이유로 적극 인수에 나선 것이다. 어도비와의 계약으로 필드는 창업한 지 10년 만에 억만장자 대열에 오르게 됐다.

편리하고 창의적인 포트폴리오 제작이 가능한 노션(https://www.notion.so)의 성장세도 눈길을 끈다. 유저들의 니즈를 담은 전용 템플릿을 제공하며, 업무뿐 아니라 일상에서도 활용 가능한 협업 툴을 지향하는 노션이 한국 진출을 선언하기도 전에, 국내 유저들은 노션의 사용법을 담은 강의를 업로드하거나 도서를 출판하며 자생적으로 커뮤니티를 형성했다.

노션 창업자 겸 CEO 아이반 자오는 2020년 한국 진출을 선언하며 이 같은 한국 유저들의 활동에 감명받았다고 밝힌 바 있다. 이에 한국어 버전에서만 쓸 수 있는 특별 템플릿과 커뮤니티 내 유저가 만든 템플릿을 추가하며 화답했다. 이후 노션은 한국어 템플릿을 대규모 업데이트한 한국어 템플릿 갤러리를 공개하고, 총 112개에 달하는 한국어 템플릿을 제공했다. 유저들이 직접 제작한 템플릿 또한 내부 심사를 거쳐 갤러리에 추가할 예정으로, 템플릿 수는 계속 늘어날 전망이다.

커리어 포트폴리오를 작성하는 주체는 궁극적으로는 개인이다. 개인은 자신이 누구인지(Who am I?), 어떤 적성과 능력을 가지고 있는지 객관적 자료를 가지고 정확하게 판단해 자기진단(self-assessment)을 하고 나서 본인에게 맞는 경력 경로를 스스로 계획한 뒤 자기계

발을 통해 부단히 가꾸어 나가는 자세가 필요하다.

롤 모델을 선정한 후 커리어 포트폴리오 작성자의 경력 욕구와 자기계발을 연결시킬 수 있는 조언을 듣도록 한다. 코치는 진로를 상담, 협의하고 그에 알맞은 경력 계획 및 학습을 설계해준다. 한마디로 자신의 전문성을 지속적으로 개선, 개발, 혁신함으로써 부가가치를 창출할 수 있는 학습인, 지식인이 되어야 한다.

이와 관련, 철학자 드라이퍼스가 제시한 기술 습득에 대한 5단계 모델은 전문성을 높이는데 도움이 된다. 드라이퍼스 모델은 대상을 초급자, 상위 초급자, 중급자, 숙련자, 전문가로 분류하는데 각 단계의 주요 특징은 다음과 같다.

드라이퍼스의 5단계 모델

단계	디버깅 기술 습득 5단계
1단계 초급자 (Novice)	사전 경험이 없는 단계다. 일을 해내기 위한 능력에 관심이 많다. 이들을 관리하기 위해선 규칙이 필요하다. · 디버깅 기술 부족으로 시간 낭비 · 계획을 따르기보다는 임의적으로 프로그램을 디버깅 · 쉽게 포기하고 다른 사람에게 의존적임
2단계 상위 초급자 (Advanced Beginners)	고정된 규칙에서 조금씩 벗어나는 단계다. 자신만의 작업을 통해 경험을 쌓는다. 하지만 문제 해결에는 여전히 어려움을 느낀다. · 경험을 통해 디버깅 기술 강화, 이전에 경험한 결함을 인식 · 이전 성공과 실패에 기반한 디버깅에 대해 접근 방법 수정 · 일부 범위에 한해 다른 사람의 도움에 의존

3단계 중급자 (Competent)	문제 영역에 대한 개념적인 모델을 정립할 수 있다. 새로운 문제 해결 방법을 찾아내기 시작한다. 과거의 경험을 활용해 학습할 수 있다.	
	· 다양한 디버깅 기술을 습득해 체계적인 디버깅 수행 가능 · 특정 기술이 효과적이지 않을 때 대체 기법 식별 가능 · 다른 사람에게 의지하지 않고 독자적으로 대부분의 결함을 식별 가능	
4단계 숙련자 (Proficient)	더 큰 개념적인 틀을 통해 이해하고자 한다. 사례 연구를 통해 학습한다. 상황에 따라 규칙을 변형할 수 있다.	
	· 전체 관점에서 디버깅을 프로그램 개발의 일부분으로 인식 · 의사결정 능력과 디버깅 접근 방법 최적화 · 드물게 도움을 요청하고 다른 사람에게 도움을 줌	
5단계 전문가 (Expert)	적절한 맥락에서 활용 가능한 방대한 경험을 갖추고 있다. 직관적으로 더 나은 해결책을 선택할 수 있다.	
	· 광범위한 경험을 통해 직관적으로 디버깅 수행, 디버깅은 제2의 천성 · 복잡하고 익숙하지 않은 결함을 성공적으로 보완	

제빵기사를 예로 들어 드라이퍼스 모델을 살펴보자. 갓 입사한 신입 제빵기사는 초급자 단계에 해당한다. 이들이 생산 현장에서 2년 정도 근무하면서 업무 경험과 작업장 내 의사소통을 통해 무형식 학습(현장 실습·멘토링·코칭)을 하면서 초보적인 제빵기사(상위 초급자 단계)로서의 역할을 수행한다.

근속연수 5~6년이 지나면 중급자 단계로 발전해 제빵 과정에서 중간 역할을 담당한다. 근속연수 10년이면 숙련자 단계인 초보 제빵 장인 대우를 받는다. 전문가 단계인 가장 높은 수준의 제빵 장인이 되려면 근속연수가 20년은 넘어야 한다. 제빵 회사에 따라 제빵 장인이 3~4명 정도 존재한다. 물론 신입 제빵기사뿐만 아니라 중급자, 숙련자, 전문가 단계의 제빵 숙련공들도 끊임없는 업무 경험과

타인과의 의사소통, 자기 성찰 과정을 통해 지속적으로 무형식 학습을 한다.

이제 스펙이 중요한 시기는 지났다. 커리어 포트폴리오의 시대가 올 전망이다.

커리어 포트폴리오 - 국내 동향

신입 사원도 커리어 포트폴리오가 필요하다!

수시 채용 비중을 늘리고 서류 전형을 폐지하는 등 최근 국내 기업의 채용 방식이 달라지고 있다. 특히 요즘은 경력직은 물론 신입 직원을 채용할 때도 이력서와 자기소개서 외에 직무 경험과 역량, 사무 능력, 태도 등을 검증하기 위해 직무 포트폴리오(이하 포트폴리오)를 요구하는 기업이 늘고 있다. 포트폴리오란 지원자가 지원한 직무를 수행하기 위해 자격증, 대외 활동, 직무 경험, 수행해 온 프로젝트 등 어떠한 준비를 했고 기업에 얼마나 기여할 수 있는지 판단할 수 있는 자료다.

국내 포트폴리오 사이트로는 네이버 그라폴리오, 노트폴리오 등이 있다. 네이버 그라폴리오(https://grafolio.naver.com/)는 디자인, 사진, 일러스트 작업물을 올리기 좋은 포트폴리오 사이트다. 노트폴리오 (https://notefolio.net)는 노트처럼 누구나 쉽게 자료를 올릴 수 있는 플랫폼이란 의미를 담고 있다.

2022년 인크루트는 사무직 직장인과 사무 경험이 있는 구직자

839명을 대상으로 포트폴리오 준비 현황을 알아보고 신입 구직자도 포트폴리오를 준비할 필요가 있는지 의견을 들어봤다. 먼저, 이직 또는 재취업을 위해 포트폴리오를 갖췄는지 묻자 응답자 5명 중 2명(38.0%)이 이미 완성된 포트폴리오가 있다고 답했다. 이어 '현재 업데이트 중'이라는 응답은 39.2%로 나타났다. 반면 포트폴리오를 갖추지 않았다는 응답자는 22.8%로 나타났다. 절반 정도가 포트폴리오를 만들 때 '파워포인트(48.8%)'를 이용한다고 답했다. 이어 '워드(17.6%)', '한글(15.3%)' 순으로 나타났고, 협업 툴이자 포트폴리오 제작이 가능한 '노션(9.4%)'도 활용하는 것으로 조사됐다.

포트폴리오를 어떤 방법으로 제작했는지 그 과정을 물어본 결과, '다른 정보나 도움 없이 혼자서 만들었다(44.1%)'는 답이 가장 많았다. 그다음으로 '블로그, 유튜브 등 콘텐츠를 보고 만들었다(26.9%)', '학원이나 강의 커리큘럼에 따라 만들었다(13.4%)', '친구·동료·지인 등 주변 사람들에게 도움을 받았다(10.2%)'는 응답이 뒤따랐다.

취업 경쟁력을 갖추기 위해 외국어, 자격증 등 학문적인 스펙을 쌓는 것 외에 직무 경험도 중요해졌다. 이러한 채용 트렌드를 반영하듯 신입 사원에게 포트폴리오를 요구하는 기업이 많아지고 있다. 신입 구직자도 포트폴리오를 준비해야 한다고 생각하는지 실제 입사 지원과 회사 생활을 해본 이들에게 의견을 들어봤다.

'포트폴리오를 갖출 필요가 있다'고 응답한 사람은 10명 중 7명(73.7%) 정도였다. 취업 경쟁력을 제고하는 데 도움이 되는 데다 단순히 직무 경험뿐만 아니라 사무 능력, 역량, 잠재력, 태도 등을 가늠할 수 있는 좋은 참고 자료가 된다는 게 응답자들이 꼽은 주된 이유였다. 반대로, '신입 직원에게 스펙 관리 외에 포트폴리오까지 요구하는 것이 과하다'는 입장은 26.3%였다.

신입 직원도 포트폴리오를 갖출 필요가 있다고 답한 이들에게 포트폴리오가 입사 가점 및 당락에 얼마나 영향을 미칠 것으로 보는지 물어본 결과는 '매우 영향(25.2%)', '약간 영향(57.3%)', '영향 미미함(13.6%)', '영향 없음(3.9%)' 순으로 나타났다. 포트폴리오가 채용에 영향을 미칠 것이라는 응답이 82.5%에 달하는 것이다.

예를 들어 블록체인업계의 현직자들은 채용 시 블록체인 이론에 대한 이해나 작은 경험도 포트폴리오로 정리해두는 것이 중요하다고 강조했다. 이제 막 발전하기 시작한 업계라 기술 발달 속도는 매우 빠른 반면 지원자의 이해도는 낮은 경우가 많다. 책이 번역되기를 기다리지 않고 해외 웹사이트나 논문을 읽고 공부한 것을 정리한 포트폴리오는 블록체인에 대한 이해도와 적극성을 보여줄 수 있다. 신기술이라 아직 대기업 인턴 자리는 많지 않지만, 혼자 프로그래밍에 성공해본 작은 경험도 포트폴리오로 쌓아두면 충분히 매력 있는 스펙이 된다.

IT 회사에서 기획자로 일하고 있는 A씨는 컴퓨터와 무관한 문과 출신이다. 스타트업을 창업하면서 이 분야에 발을 들여놓게 됐다. A씨는 프로그래머와 팀을 짜고 프리랜서로 일하면서 프로젝트 경험을 쌓았다. 어깨너머로 프로그래밍도 배웠다. A씨는 "기획자는 문서로 말하는 사람"이라며 "자신이 만들어온 문서와 결과물이 중요한 포트폴리오가 된다"고 강조했다. A씨가 말하는 문서는 개발자와 디자이너 등 다른 팀원들에게 이런 식으로 소프트웨어를 만들어달라고 주문하는 일종의 규격서다. 규격서에는 어떻게 실제 프로그램으로 구현 가능한지에 대한 기술적 이해가 필수적으로 요구된다. A씨의 설명을 들어보자.

"기획자는 문서를 보면 그 실력을 대번에 알 수 있다. 아예 모르는 사람은 그냥 로그인 화면만 덜렁 그려놓지만, 좀 아는 사람은 그 뒷장에 로그인이 실패했을 때 회원 가입을 유도하거나 비밀번호 찾기를 제공하는 다음 단계를 그려놓는다. 정말 잘하는 기획자의 문서에는 겉으로 보이는 화면뿐만 아니라 그 뒤에서 서버가 데이터를 어떻게 주고받는지 등 백엔드(back-end)가 전부 담겨 있는 완성도가 포함돼 있다."

A씨는 "기획자는 특히 신입으로 취업하기 어려운 직종"이라며 "중대한 프로젝트를 맡길 수 있을지에 대한 의문 때문이다"라고 했다. 기획자를 준비하는 중이라면 가상의 문서라도 계속 작성해보는 것이 좋다고 조언했다. 또한 "다른 IT 직군과 마찬가지로 포트폴리오 관리를 정말 철저히 해야 한다"며 "현업 직장인이라면 최대한 IT와 연계된 프로젝트를 하는 직무로 인사 이동을 요청하는 것도 좋은 방법"이라고 했다. 외주 개발사와 함께 소프트웨어를 만들어본 경험은 기획자로의 직무 이직 시 훌륭한 포트폴리오가 될 수 있기 때문이다. 목표한 바에 맞춰 적극적으로 준비하는 자세가 필요하다. 이제는 '커리어 포트폴리오'의 시대라고 해도 과언이 아니다.

커리어 포트폴리오 작성 시 유의할 5가지 사항

기업에서 원하는 것은 대학에서 배우는 것과 차이가 있게 마련이다. 기업에 입사하고 싶다면 가장 먼저 준비해야 할 것은 포트폴리오다. 포트폴리오에는 학교 수업, 과제, 동아리 활동, 대외 활동, 프로젝트 등 자신이 경험한 활동은 무엇이든 담을 수 있다. 단, 무조건 담아서는 안 된다. 체계적으로 만들지 않으면 안 된다. 게다가 포트폴리오를 구체적으로 만들어놓으면 자기 효능감이 높아진다. 자신의 포트폴리오만 봐도 뿌듯하고 앞으로 자신이 일할 직무에 대해 확신도 생긴다. 아래 포트폴리오 심사평가표를 보라. 산업 이해도, 구성력, 자기 분석, 직무 분석, 다양성, 프로그램 참여도, 포트폴리오 완성도 등이 심사할 때 반영됨을 알 수 있다.

포트폴리오 심사평가표

연번	성명	구성력 (20)	분석력		다양성 (20)	산업 이해도 (20)	성실성		합계
			자기 분석 (15)	직무 분석 (15)			프로그램 참여도(5)	포트폴리오 완성도(5)	
1	홍길동	15	15	15	20	20	5	5	95
2	신사임당	15	15	15	15	15	5	3	88
3	이순신	15	15	10	15	20	5	5	90

1. 포트폴리오 맨 앞에 커리어 비전을 적어둔다

포트폴리오 맨 앞에 자신의 비전을 적어두면 자신이 추구하는 것이 무엇인지 명확하게 알릴 수 있다. '내일을 기대하게 하는 스포츠 행정가', '희망을 갖고 진심을 전하는 지역사회 인재' 등 직무의 핵심을 함축적으로 표현하는 문구나 자신이 추구하는 바를 적는다. '자유로운 영혼의 연예인' 등 MBTI 유형 문구를 적는 것은 바람직하지 않다.

2. 모든 것을 다 적기보다 핵심 직무로 프로젝트를 압축한다

포토폴리오를 만들 때는 모든 것을 다 적기보다는 핵심 직무로 압축하는 게 좋다. 자신이 참여한 일 중 비중이 높았거나 성과가 좋았던 일, 자신의 역량을 잘 보여줄 수 있는 일 위주로 구성해 3개 정도의 프로젝트로 좁힌다. 그 프로젝트에서 담당했던 역할이 정확하게 무엇인지 쓰고, 그 결과가 어떻게 되었는지 작성해본다.

예시) 전국 대학교 동아리 테니스 대회 개최

- **규모** : 약 1000명

- **주요 업무** : 총무로서 약 5000만 원의 대회 예산 관리, 기획안, 운영안, 스폰서십을 위한 자료 제작, 한국 대표 선수 일본 파견 시 케어 등

- **목적** : 지방 대학 참가율이 적은 전국 대회의 문제점 개선과 대회 규모 증대를 위한 방안 마련

- **내용** : 현 대회의 문제점 파악, 테니스 동아리 보유 대학 분석, 새로운 대회 방식 제안

  대회 운영 스태프 부족 해결과 체계적인 운영을 위한 조직 개편
- **구체적 실행 방안** : 지도교수와의 지속적인 소통을 통해 테니스 코트 사용권 확보

  인스타그램, 에브리타임 등 SNS에 동아리 활동 계획을 게시해 신입 부원 적극 모집

  후배들이 미래에도 원활하게 동아리를 유지할 수 있도록 동아리 운영 방식 매뉴얼화

3. 결과는 구체적인 수치로 나타낸다

포트폴리오에서 실수하기 쉬운 점이 성과에 대해 대충 넘어가기 쉽다는 것이다. 사실 포트폴리오에서 제시하는 것은 많은 사람들이 이미 했던 것이라 대단해 보이지 않을 수도 있다. 자신이 담당한 프로젝트가 어떤 결과를 이뤄냈는지 수치화해야 객관적인 자료로 인정받을 수 있다.

예) 평창동계올림픽 조직위원회에서 정선알파인경기장 슈퍼바이저 직책으로 3개월 동안에 경기장 내 관중 서비스 기획 및 운영을 담당하면서 400명의 자원봉사자 수요 및 역량을 반영해 업무에 배치했습니다.

그냥 열심히 했다고만 적으면 안 된다. 수치화할 수 없다면 해당

활동에 대한 피드백이나 그 과정에서 배운 점, 느낀 점, 실천할 점, 깨달은 점 등 상세하게 기술하면 좋은 평가를 받을 수 있다.

4. 실제 진행한 산출물 이미지를 활용해 시각화한다

포트폴리오의 생명은 시각화다. 표지부터 색깔이나 이미지를 이용해 가시성을 높인다. '가시성(visibility)'이란 글자를 시각적으로 눈에 띄게 하는 것이다. 가시성을 높이기 위해선 '고딕체' 폰트를 사용하는 것이 좋다. 사진이나 이미지를 활용하는 것도 도움이 된다. 반면 '가독성(legibility)'이란 변별성과 같은 개념으로 글자체, 글자 크기, 대비 등으로 쉽게 읽을 수 있게 해주는 것이다. 가독성을 높이기 위해선 '명조체' 폰트를 많이 쓴다.

5. 마무리할 때는 일관성 있는지 검토한다

포트폴리오를 받아보면 그 편차가 너무 심하다. 어떤 사람은 어떻게 이렇게까지 만들 수 있을까 싶을 정도로 정성이 들어가 있는가 하면, 어떤 사람은 왜 포트폴리오를 제출했을까 싶을 정도로 의아한 결과물을 제출한 경우도 있다. 포트폴리오를 제출하는 사람은 한둘이 아니다. 어설픈 결과물은 욕만 먹기 십상이다. 처음부터 끝까지 흐름과 전개가 잘 구성되어 있는 경우도 있지만 중간에 갑자기 부적절한 내용이나 모순되는 점이 튀어나오는 경우도 있다. 특히 문장이 미숙한 포트폴리오가 많다. '~같습니다', '~라고 생각합니다' 같은 말로 문장을 마무리하는 경우가 많은데, 이는 확신이 없음을 보여줄 뿐이다. 포트폴리오를 만들 때는 문장 하나까지 깔끔하게 마무리한다.

참고문헌

· 김예윤,〈소소한 개발 경험도 포트폴리오로 정리해두세요〉, 동아일보, 2022.1.25.

· 김정이,〈2009년 문화예술 기획경영 아카데미 커리어 포트폴리오 작성 자료집〉, 예술경영지원센터, 2009.

· 문현준 · 김정선, 한양대학교 컴퓨터공학과,〈드라이퍼스 모델(Dreyfus Model) 기반 디자인 패턴(Design Pattern) 학습 모델 제안〉, 한국컴퓨터정보학회 동계학술대회 논문집 제29권 제1호, 2021.1.

· 오효진,〈채용 트렌드가 된 '포트폴리오', 노션 · 피그마 관심 증가〉, 벤처스퀘어, 2022.3.24.

· 장원수,〈응답자 70% "신입 구직자도 취업 경쟁력 위해 포트폴리오 필요"〉, 뉴스튜데이, 2022.4.27.

· 최상현 · 이소연,〈IT업계 커리어 핵심은 포트폴리오…대학원 진학도〉, 이코노미조선, 2020.10.19.

08

워케이션

휴식은 게으름도, 멈춤도 아니다.
휴식을 모르는 사람은 브레이크가 없는 자동차 같아서
위험하기 짝이 없다.
– 헨리 포드

이제는 워케이션 시대

직원이 일하는 장소를 선택하는 시대가 온다

코로나 이후 리모트 워크가 활성화되면서 어디서 일하는지보다 어떻게 일하는지가 중요한 시대가 되었다. 임직원 근무 만족도를 최대한 끌어올리기 위한 방안으로도 리모트 워크가 적극 도입되고 있다. 이처럼 최근 '워케이션(Workcation)'이 부상하고 있다. '워케이션'은 '일(Work)'과 '휴가(Vacation)'의 합성어로 휴가지에서 일도 하고 휴식도 즐기는 새로운 근무 형태를 말한다.

최근 네이버는 일본 도쿄와 강원도 춘천 등 국내외 거점 도시에서 워케이션 프로그램을 운영하기로 했다. 신청 직원 중 매주 10명을 추첨해 최대 4박 5일 워케이션 일정을 지원한다. 임직원은 강원도 춘천 연수원과 도쿄 베이스캠프에 머무르며 근무할 수 있다. 단, 1인 1실 체제다. 도쿄의 경우, 입국 제한 기준이 완화되는 대로 시행할 예정이다.

네이버는 또한 직원이 근무 형태를 자유롭게 선택할 수 있는 '커넥티드 워크(Connected Work)'를 도입했다. 반기에 한 번씩 자신과 조직, 진행 중인 프로젝트 상황 등을 고려해 주 3일 이상 사무실 출근을 기반으로 하는 '타입 O(Office-based Work)', '원격 기반 타입 R(Remote-based Work)' 중 근무 형태를 선택할 수 있다. 엔데믹 분위기가 형성되는 가운데도 원격 근무를 허용하고 워케이션을 공식적으로 지원하는 곳이 점차 늘고 있다.

코로나 이전에 워케이션은 근무 장소를 선택할 수 있는 사람이나 노마드족 등 소수의 사람들에게만 연관된 틈새시장이었다. 하지만, 코로나 확산을 계기로 원격 근무 수요가 급증함에 따라 워케이션에 대한 니즈가 커지는 등 관련 시장이 확대되고 있다. 유럽과 북미에서 시작돼 디지털 노마드의 전유물이었던 워케이션이 일본을 거쳐 국내에 빠르게 상륙하고 있는 것이다.

디지털 전환, 전자적 자원관리(ERP, Enterprise Resource Planning), 균형성과평가제도(BSC, Balanced Scorecard), 리모트 워크 등 기업에 새로운 시스템이 도입될 때마다 이를 막는 장애물이 나타나게 마련이다. 그런데 리모트 워크는 코로나로 인해 강제적으로 장애물을 제거할 수 있었다. 의도하지 않게 재택근무를 경험한 직장인들은 다시 사무실로 돌아가려 하지 않는다. 직원이 장소를 선택하는 재택근무를 넘어서 휴가지에서 근무하는 워케이션 시대가 오고 있다.

Job Trend 02 워케이션 시대 – 세계 동향

세계 기업들이 앞다퉈 워케이션을 도입하는 이유

에어비앤비(Airbnb)는 9월부터 최장 90일 170여 개 나라에서 근무하는 것을 허용키로 했다. 클룩(klook)도 최장 한 달간 세계 어디서든 여행하며 업무를 병행토록 했다.

2008년 미국 샌프란시스코의 한 아파트에서 시작된 에어비앤비는 이제 전 세계가 아는 숙박 중개업체로 성장했다. 에어비앤비 CEO 브라이언 체스키와 에어비앤비닷오알지 회장 조 게비아는 숙박비가 비싸기로 유명한 샌프란시스코에서 아파트 임차료를 충당할 목적으로 거실에 공기를 주입하는 에어 매트리스를 깔고, 이 도시를 찾은 여행자에게 아침식사를 포함한 잠자리를 저렴하게 제공했다. 이 경험을 바탕으로 이들은 숙박 서비스를 제공하는 '호스트'로 일반인을 끌어들이는 사업 모델을 고안했다.

에어비앤비는 세콰이어(Sequoia), 앤드리슨 호로위츠(Andreessen Horowitz), 구글 벤처스(Google Ventures) 등 실리콘밸리를 대표하는 자본을 투자자로 유치하며 빠르게 성장했다. 2009년 2500개였던 에어비앤비 숙소 목록은 2021년 말 기준 전 세계 600만 개 이상으로 늘어났다. 2020년 12월 나스닥에 상장해 현재 시가총액이 1100억 달러(약 131조 원)가 넘는다. 세계 최대 온라인 여행업체 부킹닷컴(Booking.com)과 세계 최대 호텔 체인 힐튼(Hilton)의 시가총액을 가뿐히 추월하는 규모다.

코로나 팬데믹은 에어비앤비에도 큰 시련을 안겨주었다. 2020년 3월 코로나가 미국을 포함해 전 세계로 빠르게 확산되면서 매출의 80%가 사라졌다. 체스키는 언론 인터뷰에서 "불타는 집을 어떻게든 구해보려고 애쓰는 것 같았다"고 당시를 회상했다. 에어비앤비는 결국 2020년 5월 전 직원의 4분의 1에 해당하는 1900명을 해고했다.

하지만 여행은 끝나지 않았다. 코로나 상황에서 사람들은 해외 대신 국내로, 도시나 유명 관광지 대신 자연과 시골로 여행을 떠났다. 리모트 워크, 재택근무의 확산으로 꼭 회사 근처에 머물지 않아도 된다는 점 역시 여행 욕구를 자극했다. 인터넷에서는 '휴가지에서 일을 병행하는 워케이션에 적합한 에어비앤비 숙소 추천' 같은 글을 쉽게 찾아볼 수 있다. 짧게는 2주, 길게는 한 달 정도 스키장이나 해변 주변의 숙소를 빌려 일도 하고 여가도 즐겼다는 뉴요커를 쉽게 찾아볼 수 있다. 에어비앤비는 이러한 여행 수요에 적극 대응하며 지난해 3분기부터 본격적인 회복세를 나타내기 시작했다.

일반 여행 사이트와 마찬가지로 에어비앤비에서도 목적지와 숙박 일수, 숙박 인원 등을 입력한 뒤 숙박 장소를 물색한다. 에어비앤비는 2020년 하반기부터 메인 화면에 집에서 가까운 여행지를 추천해주는 기능을 추가했다. 뉴욕 사람에게는 100킬로미터 정도 떨어진 시러큐스, 175킬로미터 정도 거리인 이타카 등을 추천하는 식이다. 코로나 때문에 가까운 곳으로의 여행을 추구하는 수요를 감안한 전략이다. 또한 '유연한 검색(I'm flexible)' 기능을 선보였다. 어디든 떠나고 싶긴 한데, 언제 어디로 갈지 정하지 못한 사람에게 유용한 서비스다. 메인 화면의 '유연한 검색' 버튼을 누르면 '농장', '통나무집', '해변 근처', '멋진 수영장' 등 유형별·특색별로 숙박 목록을 확인할 수 있다. 내가 있는 위치에서 숙박 시설까지의 거리, 예약 가능한 날짜와 요금 등도 한눈에 볼 수 있다.

에어비앤비가 목적지를 먼저 정하고 숙소를 검색하는 기존 여행 패턴을 버리고 숙박할 곳을 먼저 찾은 뒤 여행 날짜를 정하도록 서비스를 개편한 것은 코로나 팬데믹으로 여행의 트렌드가 달라지고 있기 때문이다. 체스키는 시사잡지 〈애틀랜틱〉과의 인터뷰에서 "이제 사람들은 여행지에 더 오래 머물고, 반려동물과 동행하고 싶어 한다. 와이파이 속도를 따지고, 월요일과 화요일에도 여행을 계획한다. 300킬로미터 이내 장소로의 여행이 늘어나고, 더 넓은 숙박 장소를 선호한다"며 "2019년 말 예약된 숙박의 11%가 라스베이거스나 파리 같은 고밀도 도시였는데, 2년 후인 현재 이들 장소의 예약률은 6%로 떨어졌다"고 말했다.

유명 도시나 관광지를 여행하는 대신 '길게 머물면서 회사 일도 하는' 여행 트렌드는 에어비앤비의 2021년 4분기 실적 보고서에도 반영됐다. 2월 초 기준으로 7일 이상 숙박이 에어비앤비 전체 예약의 거의 절반을 차지한다. 28박 이상 장기 체류도 22%에 달한다. 지난 1년간 예약 17만 5000건은 석 달 이상 체류였다. 에어비앤비는 이러한 변화를 코로나로 인한 일시적 현상이 아닌 영구적인 트렌드라고 판단한다. 2021년 3분기 미국에서는 시골 숙소 예약이 전년 동기 대비 85% 증가했다. 에어비앤비가 실시한 설문 조사에서도 디지털 노마드적 라이프 스타일을 실천하는 사람이 2020년 9%에서 2021년 12%로 증가한 것으로 나타났다.

체스키는 1월부터 직접 '에어비앤비에서 살기'에 나섰다. 체스키 본인도 주로 재택근무를 하고 샌프란시스코 본사에는 가끔 출근하기 때문에 굳이 샌프란시스코에 머물 필요가 없다. 체스키는 몇 주 혹은 몇 달 간격으로 여러 도시의 에어비앤비 숙소를 옮겨 다니면서 살고 있고 필요할 때만 샌프란시스코에 들른다.

이제 미국과 유럽에서의 여행 제한이 점차 완화되면서 억눌렸던 여행 수요가 본격적으로 폭발할 것으로 예측된다. 많은 일상이 코로나 사태 이전으로 복구되더라도 재택근무는 유지될 전망이다. 최근 에어비앤비는 시장의 예상을 웃도는 2021년 4분기 실적을 발표하며 '코로나 패닉' 탈출을 선언했다. 에어비앤비의 지난해 4분기 매출은 15억 3000만 달러(약 1조 8200억 원)로 코로나 사태 이전인 2019년 4분기 대비 38% 성장했다. 성장 시동을 건 에어비앤비가 더 좋은 실적을 보여줄 것이라는 기대가 크다.

성장하는 워케이션 관련 시장

일본에서는 코로나가 확산되기 시작된 지난해부터 '워케이션'이라는 단어가 사회적인 주목을 받고 있다. 워케이션은 관광지나 리조트, 캠핑장 등 인터넷을 통한 업무가 가능한 휴양지에서 휴가를 보내면서 일을 하는 방식이다. 워케이션이 주목받는 이유는, 워케이션이 단순히 일하는 방식의 선택지가 늘어나는 것에 그치지 않고 일본 사회의 오랜 과제로 꼽혀온 유급 휴가를 신청하면서 눈치를 보는 행태나 '지방 창생 촉진' 같은 문제에 대한 새로운 접근 방법으로 주목받고 있기 때문이다. 이 때문에 일본 정부, 기업, 지역경제 등 다양한 이해관계자들이 워케이션 시장의 성장에 주목하고 있다.

일본 야노경제연구소는 2021년 3월 발표한 〈일본 국내 워케이션 시장조사 보고서(ワーケーション市場に関する調査を実施)〉에서 일본 워케이션 시장은 2020년 699억 엔에서 2025년 5배 규모인 3622억 엔까지 급성장할 것으로 내다봤다. 야노경제연구소는 워케이션 시장을 크게 숙박 서비스, 지역 서비스(워케이션하는 동안 의, 식, 이동과 관련된 지역 내 서비스), 기업 연수·합숙 서비스, 워케이션 촉진을 위한 정부 예산(사업) 등 4가지 카테고리로 나누어 분석했다.

일본 정부는 코로나를 계기로 인구의 지방 분산화에 워케이션이 기여할 수 있는 잠재력을 평가해 관련 예산을 확충할 계획이다. 2020년 12월 일본 국토교통성은 '워케이션 및 블레저(Bleisure, 업무와 여가를 겸한 휴가 형태) 등의 활용에 의한 일하는 방식 개혁' 심포지엄을 개최하고 일하는 방식 개혁, 휴가 신청 촉진, 젊은 인구의 유입에 따른 지방 활성화 등 워케이션을 통한 사회 문제 해결에 기대감을 나타내면서 워케이션의 중요성을 강조하고 이를 실천하는 기업과 지자체의 사례를 소개했다.

한편, 지역경제 활성화와 고용 창출을 위해 워케이션 장소로 지역을 적극 홍보하는 모습도 보인다. 〈닛케이신문〉에 따르면, 수도권과 인접한 나가노현은 워케이션 지역으로 잠재성이 높은 12개 후보지를 지정하고, 해당 지역 내 워케이션 민간 사업자를 대상으로 150만 엔 한도의 보조금을 지급하고 있다. 또한, 오사카 인근 와카야마현은 워케이션 민간 사업자 단체 '와카야마 워케이션 네트워크'를 만들고 와카야마현에서 워케이션을 체험하고 싶은 기업과 단체를 이어주는 중개자 역할을 하고 있다.

이러한 지자체의 행보에 대해 미쓰비시종합연구소 마쓰다 수석 연구원은 〈닛케이 스타일〉과의 인터뷰에서 "인구가 줄면 그 지방의 시장은 축소될 수밖에 없다. 그러나 워케이션으로 도시 거주자가 지방으로 지속적으로 유입된다면 소비가 살아난다. 도쿄 수도권과 긴키 지역(오사카부의 주변)의 대기업 직원은 1000만 명 정도다. 그중 10%가 연 1개월 동안 워케이션을 한다면, 소비액 기준 연간 1000억 엔의 시장이 창출된다. 이 기간 동안의 소비 활동에 더해 워케이션을 위한 오피스나 숙박시설로 인해 고용도 창출된다"고 설명했다. 워케이션이 기업의 문화도 바꾸고 지역사회도 활성화시킨다는 것이다.

워케이션에 대한 기업의 다양한 의견

원격 근무를 실시하는 기업 중 워케이션에 대한 의견은 찬반이 갈리는 모습이다. 재택근무 등 원격 근무를 할 때 직원의 근무 태도에 불신감을 갖는 기업도 일부 존재한다. 2021년 하반기 한 IT 회사가 기업 의사결정자를 타깃으로 직원 PC에 화면 멈춤 기능, 수시로 착석 여부를 확인하는 기능 등 감시 기능을 추가한 원격 근무 소프트웨어를 개발하고 이를 홍보하는 광고를 해 인권 침해 논란이 빚어지기도 했다.

반대로 워케이션을 긍정적으로 검토하는 기업의 비율도 높다. 일본 인터넷 통신사 빅글로브(Biglobe)에서 2021년 3월 8~10일 3일간 원격 근무가 가능한 기업 경영자 100명 및 임직원 900명을 대상으로 워케이션에 대한 의식조사를 수행한 결과, 경영자의 68%가 '직원간 커뮤니케이션 활성화를 위해 팀 워케이션을 실시하고 싶다'고 답변한 것으로 나타났다. 이에 대해, 직원들은 워케이션에 회사 동료가 함께 가는 것에 대해 68.3%가 긍정적인 답변을 내놓아 기업과 직원 사이에 워케이션에 대한 공감대가 어느 정도 형성되어 있음을 알 수 있었다.

2021년 일본 도쿄 및 후쿠오카에서 원격 근무를 도입하거나 도입을 검토하는 회사가 늘어나면서 취업 규칙을 변경하는 데 따른 노무 리스크를 상담하는 기업이 많아졌다. 보수적인 일본 기업 문화를 고려하면, 원격 근무 문화가 확산되는 데 회의적인 기업이 많을 것처럼 보이지만, 실제로는 워케이션을 긍정적으로 바라보고 있는 곳이 의외로 많았다. 현장의 의견이나 정부의 개혁 정책에 맞춰 많은 기업들이 워케이션을 도입할 것으로 기대된다. 이렇듯 일본 정부와 지자체, 기업, 지방 사업자 모두 워케이션을 통해 지역사회는 물론 개인의 경제적 상황이 개선될 것으로 기대하고 있다.

물론 기업의 내부 문화, 업종의 특성 등으로 인해 원격 근무가 불가능한 경우도 존재한다. 글로벌 여행사 익스피디아(Expedia)에 따르면 한국과 일본 회사원의 연차 휴가 사용률은 2018년 기준 각각 72.5%, 50% 정도다. 영국의 96%, 홍콩과 독일의 100%에 비해 매우 낮은 수치다. 일본 회사원 중 60%는 휴가를 사용하는데 "죄의식을 느낀다"고 답했다. 워케이션 확대와 기업 문화의 변화를 위해서는 경직된 근로 문화에 대한 인식 변화가 필요하다. 최근 일본에서는 위드코로나 시대에 맞지 않는 경직된 기업 문화를 타파하고 유연한 근무가 가능하도록 정부, 지자체, 기업이 관련 제도를 정비하고 직원의 휴가 사용을 독려하는 등 다양한 노력을 펼치고 있다. 점차 워케이션이 확산될 것이라 볼 수밖에 없는 이유다.

Job Trend 03 워케이션 시대 - 국내 동향

놀면서 일하는 워케이션 시대

기업들이 워케이션을 도입하는 배경에는 우수 인력 유치 전략이 깔려 있다. 최근 IT 기업들은 개발자를 채용하는 게 어려워지자 높은 연봉을 제시하는 데 이어 MZ세대의 취향을 저격하기 위해 워케이션에 주목하고 있다. 실제로 워케이션을 도입한 라인플러스는 2021년보다 입사 지원자가 30%나 늘어나는 등 워케이션 효과를 톡톡히 누렸다.

야놀자 직원들은 2021년 11월부터 강원도 평창에 이어 동해와 전남 여수에서도 쉬면서 일을 할 수 있게 됐다. 평창에서 진행한 워케이션에는 60여 명이 참여했다. 이를 위해 야놀자는 일주일간 호텔, 식사, 법인차량 등을 지원했다. 동해와 여수를 워케이션 대상으로 삼고 120명의 직원을 선정해 호텔, 식사, 사무용품 등을 제공했다. 이제 지역경제 활성화를 꾀하는 워케이션 제도로까지 발전하고 있다.

배달의민족은 내년부터 모든 직원의 괌 몰디브 원격 근무를 허용키로 했다. 당근마켓도 4월부터 3명 이상의 팀원들이 '함께 일하기 제도'를 운영 중이다. 이를 위해 회사는 숙박비와 교통비, 식비를 지원한다. 롯데멤버스는 추첨을 통해 월요일부터 목요일까지 제주, 부산, 속초 등지에서 근무할 수 있도록 하고 있다. CJENM은 제주, 한화생명은 강원 양양에서의 워케이션을 허용했다.

이러한 워케이션이 다소 여력이 있는 IT 기업과 대기업들에 한정되어 있는 한계가 있는 것도 분명한 사실이다. 한 중소기업 관계자는 회사 사정상 워케이션은 꿈도 못 꾸는 처지라며 삼복더위에 휴가조차 제대로 못 가는 형편이라고 호소했다. 공무원들도 예외는 아니다. 이런 분위기 속에서 최근 MZ세대 공무원이 사기업으로 이동하는 사례가 늘고 있다. 특히 기획재정부, 금융위원회, 공정거래위원회 등에서 이런 현상이 강하게 보인다. 행정부가 주도권을 쥐고 있던 정책 결정 과정에서 국회의 힘이 강해지자 젊은 공무원들이 공직을 떠나는 것이라는 분석도 나온다. 과중한 업무로 야근을 밥 먹듯이 하다 보니 임용된 지 5년 미만인 젊은 사무관들의 이직이 잦다. 사정이 이렇다 보니 MZ세대들이 중소기업에 취업하기보다는 워라밸이 보장되는 기업으로 몰리면서 인력 양극화 현상까지 나타나고 있다.

한편 제주, 부산, 남해, 강원도 등 휴양지가 직장인들의 선호 근무지로 인기를 끌면서 이들 지역의 지자체는 지역경제 활성화를 위해 워케이션 상품 개발에 적극 나서고 있다. 가장 적극적인 태도를 보이고 있는 제주도는 카페를 공유 오피스로 꾸미고, 호텔에 사무실을 마련할 계획이다. 이를 위해 제주도와 제주관광공사는 2022년 7월 18일 워케이션 상품 개발 지원 사업을 추진했다. 민간 투자를 받아 워케이션 빌리지를 조성하고 농어촌의 빈집, 유휴시설 등을 활용한 체류형 워케이션 시설을 구축할 방침이다. 8월에는 수도권 기업을 대상으로 참가자를 모집하는 데 나섰다. 경남 남해군은 토스 직원을 위해 사무실과 숙소를 만들기도 했다.

'1박 2일'은 짧다. '한 달 살기'

과거에 여행을 떠날 때는 1박 2일 혹은 2박 3일이 기본이었다. 그런데 요즘 여행 패턴이 달라지고 있다. 2021년 4분기 에어비앤비에서 가장 빠르게 성장한 부문이 '28박 이상 장기 숙박' 카테고리다.

일과 여행이 혼합된 워케이션 형태의 장기 출장이 증가하고 있음을 수치상으로 확인할 수 있다.

에어비앤비 숙소에서 28일 이상 머무는 장기 숙박 예약 비율은 2021년 4분기 기준 전체 예약의 22%로, 2019년 4분기에 비해 16% 늘었다. 같은 기간 최소 7일 이상 숙박 예약은 전체 예약의 절반에 육박했다. 한국에서도 28박 이상 여행 예약 비중은 20%에 이른다(2021년 1분기 기준).

'한 달 살기' 형태의 여행이 늘고 있다. 장기 숙박 비중이 높아지기 훨씬 전부터 이미 제주도에서 '한 달 살기' 하는 사람들이 많았다. 유튜브나 블로그 혹은 주변 사람들을 통해 '한 달 살기'의 긍정적인 경험을 접하면서 새로운 흐름이 만들어졌다. 물론, 28박 이상머무는 장기 숙박이 늘어난 것만으로 현재 워케이션이 자리 잡았다고 단정 지을 수는 없다. 하지만 일과 여행에서 새로운 트렌드가 만들어지고 있는 것은 분명하다.

04 워케이션에서 유의해야 5가지 사항

기업이 존재하려면 핵심 인재가 필요하다. 회사의 낮은 인지도로 인재 채용에 어려움을 겪고 있다면 채용 브랜딩에 신경을 써라. 채용 브랜딩 시대에 우리 회사는 어떻게 살아남을 것인가?

이제는 일하는 공간이 달라지고 있다. 워케이션은 단순히 놀러가는 소풍이 아니다. 일하는 공간과 삶을 영위하는 공간을 다르게 보기 시작했다. 일을 잘하기 위해 회사의 공간은 어떻게 달라져야 할지 생각해보자.

1. 집과 일터를 바라보는 관점이 바뀌었다

이제 어떤 환경을 제공할 것인가 고민해야 하는 시점이다. 팬데믹을 경험하면서 '집'을 바라보는 관점이 180도 달라졌다. 사람들은 더 이상 내 삶과 일하는 공간을 따로 떼어놓고 생각하지 않는다. 일과 삶을 분리하는 워라밸보다는 일과 삶이 섞이는 워라블 시대, 워케이션이 주목받고 있다.

2. 일과 놀이의 경계가 사라졌다

일과 관련된 스트레스가 정신건강에 해롭다는 인식이 생기면서 일과 삶의 경계가 사라지고 있다. 팬데믹으로 사람들은 일과 놀이를 결합할 수 있다는 것을 알게 되었다. 에어비앤비가 2020년 10월 한국인 1010명을 대상으로 워케이션 관련 온라인 설문조사를 한 적이 있다. 응답자의 61%가 원격 근무가 가능하고 사는 데 큰 문제가 없다면 집이 아닌 다른 곳에서 여행을 즐기며 일하는 워케이션을 시도해볼 의향이 있다고 했다. 게다가 여행지에서 일을 하면 몰입도도 좋아진다.

3. 고정 운영비가 절약된다

기업 입장에서는 오피스 공간 운영 비용을 절약할 수 있다. 워케이션을 도입하면 굳이 사무실을 얻지 않아도 대여로 공간 문제를 해결할 수 있다. 운영비가 고정적으로 드는 사무실을 없애고 절감한 비용으로 공간을 대여하는 것이다.

4. 특별한 공간에서 인사이트를 얻는다

2010년대 인도네시아 발리는 미국 스타트업들이 우붓 지역을 중심으로 공유 오피스를 형성하면서 디지털 유목민들의 성지로 떠올랐다. 최근 태국 관광청은 '어디서든 일한다(Work form anywhere)'는 슬로건 아래 '워케이션 타일랜드 프로그램'을 시행하고 있다. 카리브해의 작은 섬나라 바베이도스는 외국인이 1년간 머물며 일할 수 있는 원격 근무 비자 제도 '천국에서 일하기'를 진행하고 있다. 섬 전역에서 무료 와이파이를 제공하고 자녀를 사립이나 공립학교에 보내는 것도 가능하다. 핑크빛 모래사장으로 유명한 북대서양의 버뮤다제도도 '워크 프롬 버뮤다'를 시작했다. 버뮤다에 최장 12개월 간 머물며 원격 근무나 학습을 할 수 있도록 지원하는 내용이다. 버뮤다 정부는 도시에 갇혀 있지 말고 물 위에서 일과 휴식을 함께하라며 홍보에 열을 올리고 있다. 이처럼 세계적 관광지들이 경쟁적으로 워케이션을 내세우며 디지털 유목민을 유혹하고 있다.

5. 지역사회를 활성화한다

지방자치단체들이 기업들의 워케이션 수요를 잡기 위해 발 빠르게 움직이고 있다. 제주도를 비롯해 부산광역시, 강원도 속초·동해시, 전남 목포·여수시, 경남 남해군 등이 워케이션을 시행하려는 기업을 유치하기 위해 앞다퉈 나서고 있는 것. 인구 감소로 지방소

멸 우려가 커진 상황에서 기업 유치에 준하는 수준으로 유입 인구를 늘리는 방법으로 워케이션이 주목받고 있다. 서귀포시가 디지털 원격 사무 공간 '아일랜드 워크 랩스(Island Work Labs)'를 시범운영하는 등 기업들의 워케이션 비용을 지원하거나 근무시설과 관광지가 결합한 '워케이션 특화 마을'을 조성하려는 움직임이 활발하다. 워케이션 센터를 통해 지역사회의 활성화까지 가능해질 전망이다.

참고문헌

· 강지남, 〈워케이션'이 살린 에어비앤비〉, 주간동아 1329호, 2022.3.8.
· 강윤경, 〈[밀물썰물] 워케이션〉, 부산일보, 2022.5.25.
· 공태윤, 〈'○○○' 도입했더니⋯라인플러스 지원자 30% 급증〉, 한국경제, 2022.7.18.
· 노아윤, 〈일과 여행, 일상과 비일상의 경제 – 워케이션, 근무 환경과 관광 패턴의 변화 이끌다〉, 호텔&리조트, 2022.2.14.
· 박진영, 〈MZ세대, 어디서든 일할 수 있다⋯IT업계 '워케이션' 열풍 [IT돋보기]〉, 아이뉴스24, 2022.7.18.
· 옥기원, 〈워케이션, '소멸 위기' 지자체들의 대안으로 뜨다〉, 한겨레, 2022.5.23.
· 김경필, 《워케이션 ; 기업이 아닌 근로자가 사무실을 선택하는 시대》, 클라우드나인, 2022.3.18.

경력보다 학습 능력이 중요한 시대가 온다

09

러닝
어빌리티
시대

겸손을 배우지 않는 자는 아무것도 배우지 못한다.

- O. 메리디스 윌슨

학습이 일상화된 러닝 어빌리티 시대가 온다

학습의 일상화가 2023년에는 더욱더 확산될 전망이다. 코로나로 인한 비대면 상황이 계속되는 가운데 조직 문화에서 신입 사원들의 학습만족도에 영향을 미치는 요인 중 교수 및 학습자의 상호작용, 자기주도적 학습 능력, 학습 참여도 등 조직 학습이 크게 변화하고 있다.

'러닝 어빌리티'란 후천적으로 일정한 지식, 기술, 인식, 행동 등을 배워서 익히는 능력을 말한다. 따라서 '러닝 어빌리티'는 업무 효율성, 생산성과 즉결된다. 이와 관련, 새로운 기술을 배우는 리스킬이 기업 교육의 화두로 부각되고 있다. 글로벌 온라인 교육 플랫폼 무크(MOOC, Massive Open Online Course), 유데미(Udemy.com), 코세라(Coursera.org), 듀오링고(duolingo.com), 코스 히어로(CourseHero.com), 퀴즈렛(Quizlet.com), 길드에듀케이션(GuildEducation.com), 에이지오브러닝(Ageoflearning.com), 유다시티(Udacity.com), 에드엑스(edX.org), 그로우 위드 구글(Grow.Google) 등 에듀 테크 시장도 날로 커지고 있다.

이전부터 온라인으로 교육하는 방식을 이러닝(E-Learning)이라고 불렀는데, 에듀테크는 이와 결이 조금 다르다. 이러닝은 기존 오프라인 강의를 온라인으로 그대로 가지고 온 인터넷 강의를 가리키는 단어다. 에듀테크는 기술을 통해 학습자가 최대 효율을 낼 수 있도록 하는 것이 목표이기 때문에 사물인터넷, 인공지능, 빅데이터 등을 이용하는 것에 차이가 있다.

팬데믹 이후 전 세계적인 경제 불황 속에서도 디지털 트랜스포메이션 분야에 투자를 늘리는 기업이 많아지고 있다. 전사적인 디지털 체질 변화를 추구하기 위해서일 뿐만 아니라 '리스킬링' 수요가 늘어났기 때문이다. 리스킬링은 디지털 시대 중요도가 낮아지는 직군에서 일하던 직원을 수요가 높은 직무로 재배치하면서 핵심 인재로 양성하기 위해 시행된다. 디지털 트랜스포메이션은 불확실한 비즈니스 환경을 이겨내고 기업의 미래 먹거리를 좌우할 것으로 여겨지는 전략이다. 따라서 기업들도 조직 내 관련 예산을 집중시키는 모양새다.

패스트캠퍼스에 따르면 2021년 기업 교육 부문 매출액은 약 130억 원으로 팬데믹이 전 세계를 강타한 2019년 대비 약 6.5배 증가했다. 2020년에 비해서는 약 3배 성장한 수치다. 2021년 한 해 동안 진행된 기업 교육 과정 역시 전년 대비 7.2배 이상 성장했다. 디지털 환경에 따른 직무 변화의 다각화로 2022년 상반기 임직원의 리스킬링 및 업스킬링(Upskilling · 직무 향상) 교육 의뢰가 전체의 83%를 차지했다.

일과 교육을 결합한 '워크플로 러닝' 인기

기업들이 실시하는 디지털 트랜스포메이션 교육의 주요 흐름 중 하나가 바로 '온라인 전환'이다. 전 세계에 몰아친 사태로 비대면 근무를 채택하는 기업이 대거 늘어나면서 온라인 교육을 진행하는 기업의 수가 큰 폭으로 증가했다. 사회적 거리두기가 완화된 이후에도 온라인 콘텐츠 구독 서비스를 찾는 기업 고객은 줄지 않을 것으로 보인다.

온라인으로 교육이 진행되다 보니 퇴근 후 따로 시간을 내 교육 받는 게 아니라 업무 시간 중 실질적으로 필요한 내용만 선택적으로 학습하는 트렌드도 생겨났다. 이와 관련, 학습과 일의 구분이 힘든 '워크플로 러닝'이 뜨고 있다. 이제 오프라인 교육, 이러닝 등의 방식에 교육 프로그램을 맞추는 게 아니라 워크플로 내에서 다양한 교육 방식이 유기적으로 연결되어 제공되는 통합적인 학습 프로그램이 대세가 될 전망이다.

'워크플로 러닝(Workflow Learning)'은 일과 학습의 결합으로, 학습자가 언제 어디서나 신속하게 접근해 작업 및 학습 환경과 자원을 바탕으로 스스로 성과를 창출해내는 방식을 말한다. 게다가 '워크플로 러닝'을 통해 학습자인 구성원들은 전문가나 멘토와 연결되기도 한다. 이러한 만남을 통해 구성원 스스로 일과 학습을 병행하며 배운 내용은 즉시 실무에 적용된다.

직원 재교육 시장 역시 조직 구성원이 필요로 하는 다양한 콘텐츠를 제공하는 방향으로 변화하고 있다. 학습자의 수준과 관심사, 학습 속도 등을 고려해 개인화 교육을 설계하는 것이다. 이다영 패스트캠퍼스 온라인 러닝 솔루션 그룹장은 "직장인은 교실이 아닌 업무 환경 속에서 학습을 하기 때문에 일과 학습이 하나로 결합되는 워크플로 러닝에 집중한 자기주도형 온라인 학습을 기획했다"고 설명했다. 일과 학습이 하나가 되어 실력을 쌓는 러닝 어빌리티 시대가 오고 있다.

세계 기업에서도 학습이 일상화되고 있는 이유

글로벌 시장조사기관 홀론아이큐(Holon IQ)는 글로벌 에듀테크 시장의 지출 규모는 2021년 2680억 달러로 성장해 오는 2025년에는 4040억 달러에 달할 것이라고 분석했다. 홀론아이큐는 코로나로 오프라인 교육 수요는 위축됐지만, 온라인 교육 수요는 지속적으로 증가세를 보이고 있다고 평가했다. 인공지능, 가상현실, 증강현실 등 각종 디지털 신기술과 결합하면서 글로벌 에듀테크 시장은 연평균 16.3%의 고성장세를 보일 것으로 기대된다고 전망했다. 글로벌 마켓 인사이트(Global Market Insight)에 따르면 2025년 기준 글로벌 이러닝 및 디지털 콘텐츠 구독 시장 규모는 2821억 달러에 이른다.

근래에 아마존은 8000억 원이 넘는 비용을 들여 아마존 전체 직원 3명 중 1명에 해당하는 10만 명에게 재교육을 실시하겠다고 밝혔다. 디지털 트랜스포메이션을 실시하면 업무의 60%는 기존과 같고, 15%는 새로 생겨나며, 25%는 더 이상 필요 없게 된다. 기존 업무는 업스킬, 신생 업무는 뉴스킬, 없어지는 업무는 새 업무로 바꾸는 리스킬 노력이 필요하다. 러닝 어빌리티 트렌드는 널리 확산될 전망이다.

한 직무만 맡던 시대는 지났다. 새로운 직무를 배워라

세일즈포스(Salesforce)는 자사의 온라인 CRM 플랫폼에 인텔리전스 기능성을 추가했다면서 내부 직원들이 기술에 익숙해져야 한다고 설명했다. 이에 따라 세일즈포스 트레일헤드(Trailhead) 시스템에도 온라인 교육 플랫폼을 추가했다. 세일즈포스 아인슈타인(Einstein) 제품 관리 부사장 마르코 카살라이나는 "자체적인 트레일(Trail)이 있어 자유롭게 제공된다. 사람들이 세일즈포스가 제공하는 인공지능 역량을 소비하는 방법을 배울 수 있는 모든 학습 자료를 보유하고 있다"라며 "이는 회사 전반에 영향을 끼친다. 모든 사람이 세일즈포스에서 애플리케이션에 정보를 추가하고 정보를 활용할 수 있기를 원한다"라고 말했다.

예를 들어, 시설 관리를 위해 공간 예약 애플리케이션을 개발하는 IT 개발팀은 회의를 통해 가장 큰 이점을 얻을 수 있는 고객들에게 공간을 할당하기 위해 자체 애플리케이션에 인텔리전스 기능성을 추가했다. 카살라이나는 "그들은 데이터 과학자가 아니다. 우리 교육 대상은 데이터 과학에 대한 배경 지식이 없지만 예측하고 싶어하는 사람들이다"라고 말했다.

이제 러닝 어빌리티가 없으면 살아남기 어려운 시대가 되고 있다. 최근 수요 폭증으로 IT 분야 전문가를 외부에서 영입하기가 점점 어려워지자, 내부 직원을 디지털 전문가로 육성하자는 목소리가 높아지고 있다. 특히 일반 직무를 담당하던 직원을 데이터 분석이나 인공지능, 빅데이터 관련 직무로 전환 및 재배치하는 경우도 늘고 있다. 이를 겨냥해 리스킬링 교육 수요가 높아지고 있다. 외부에서 영입된 인재의 경우 인공지능이나 데이터 관련 이론과 지식은 충분하지만 이를 자사 비즈니스에 녹여 문제를 해결하고 성과를 내기까지는 많은 시간이 걸린다. 반면 내부 인재는 경험이나 노하우가 풍부해 약간의 디지털 교육만 받아도 데이터 기반 의사결정을 내리는 등 외부 인재 못지않은 큰 시너지를 낼 수 있다. 한 직무만 열심히 하면 되는 시대는 지났다. 새로운 직무를 배워야 하는 러닝 어빌리티 시대가 오고 있다.

Job Trend 03 러닝 어빌리티 시대 - 국내 동향

디지털 전환이 가속되면서 성인 교육 시장이 급성장한다

코로나로 기업들의 디지털 전환이 가속화되면서 성인 교육 시장이 급성장하고 있다. 은행 등 금융권을 비롯해 의료 · 제약, 유통, 제조업 등 다양한 업종에서 임직원을 대상으로 한 기존 오프라인 교육이 온라인 교육으로 대체되고 있다. 프로그래밍 · 언어 등에 대한 자기계발 수요도 급증하는 추세다. 이에 기존 교육업체들도 성인 교육 시장에 관심을 높이면서 관련 서비스를 선보이고 있다.

이와 관련, 클래스101은 구독 서비스 나섰다. 온라인 클래스 플랫폼 클래스101이 구독 서비스 '클래스101+'를 최근 출시한 것이다. 클래스101+는 월 1만 9000원에 4000여 개의 클래스를 무제한 수강할 수 있는 구독 서비스다. 그동안 각 클래스를 개별 판매해왔던 클래스101이 무제한 구독 경제로 비즈니스 모델 전환에 나선 것이다. 시장의 경쟁이 치열해지는 가운데 경쟁력을 확보하기 위한 전략의 일환으로 풀이된다.

산업통상자원부에 따르면 국내 인터넷 교육(이러닝 산업) 시장 규모는 2016년 3조 4875억 원에서 2020년 4조 6301억 원으로 4년 새 32.7% 증가했다. 이런 추세에 주목해 클래스101은 디지털 콘텐츠 구독 시장이 전 세계적으로 사업 범위를 확대할 수 있는 기회라고 판단했다. 클래스101은 현재 400만 명의 가입자 및 13만 명의 크리에이터(온라인 클래스 강사)를 기반으로 해외 구독 수요를 개척할 계획이다. 이를 위해 2019년 해외 법인을 설립해 현재 미국 시애틀과 일본 도쿄에 오피스를 두고 있다.

LG전자는 2018년 1월부터 영업, 마케팅, 구매, 회계, 인사 등 사무직 직군에 로보틱 처리 자동화(RPA: Robotic Process Automation)를 도입했고, 2020년 말까지 950개 업무에 해당 기술을 적용시켰다. 로봇 소프트웨어가 처리하는 업무량을 사람의 근무량으로 환산하면 월 2만 시간이 넘는다. 연간 24만 시간이 넘는 셈이다. 빠르게 변화하는 시대에 경쟁력을 갖추기 위해서는 언러닝(Unlearning)과 리러닝(Relearning)이 필수다. 지식의 반감기가 점차 가속화되기 때문에 기존 방식을 잊고 새로운 기술과 변화를 학습해야 한다. 기업들도 직원들의 업스킬링과 리스킬링을 통해 생산성을 높이기 위해 투자를 확대하고 있으며, 인재난을 해소하기 위해 러닝 어빌리티를 성장시키고 있다.

사내에서 디지털 '준전문가'를 육성하는 것도 디지털 트랜스포메이션의 또 다른 트렌드다. 이들은 생산 공장 현장이나 실무 부서에서 디지털 준전문가로 활동하면서 본사의 빅데이터 및 인공지능 전담 부서와 소통하는 가교 역할을 한다. 자체적으로 해결할 수 있는 수준의 문제는 현장에서 곧바로 처리한다. 준전문가 양성 트렌드를 통해 기업들이 과거 자체 디지털 전담 부서를 만들던 추세에서 한 단계 더 나아가 본질적인 체질 변화를 도모하고 있다는 사실을 알 수 있다.

최근 배움은 수평적 토론과 담백하게 의견 나누기

1990년대 중반 이후 출생한 Z세대 사이에서 '갓생 살기'가 유행처럼 번지고 있다. '갓생'은 좋은 것을 표현할 때 접두사처럼 붙이는 '갓(신·God)'과 '인생'을 합친 신조어다. '훌륭하고 모범이 되는 인생'이라는 뜻으로 흔히 사용된다. 소소한 성취감을 얻을 수 있는 일을 규칙적으로 하는 것이 갓생의 핵심이다. 코로나 확산으로 집에 머무는 시간이 늘어나고, 외부 활동과 대인 관계를 통해 성취감을 얻는 게 힘들어지면서 이런 삶의 방식을 실천하는 10~20대들이 늘고 있다.

네이버의 검색량 분석 시스템인 데이터랩을 통해 최근 3년 동안 '갓생'의 월별 검색량을 살펴보니, 지난해 2월 이후 1년 6개월 만에 검색량이 100배가량 늘어난 것으로 나타났다.

유튜브나 SNS에는 저마다의 갓생 경험과 노하우를 공유하는 게시물이 꾸준히 올라오고 있다. 낭비하는 시간을 최소화하고 일상적인 생활습관을 실천하면서 스스로 작게나마 성취감을 느끼는 삶이 갓생이다. 이들이 추구하는 일과는 거창하지 않다. '일어나자마자 이불 정리하기', '하루에 물 다섯 잔 마시기', '밥 먹고 바로 눕지 않기' 등 기성세대가 '이런 것도 목표냐'고 의아해할 만한 실천이 갓생의 기본 요소다. 소소하지만 확실한 성취감, 즉 '소확성'을 추구하는 것이다. 대학내일20대연구소가 MZ세대 900명을 대상으로 조사해

지난 1월 펴낸 〈MZ세대의 여가 생활과 자기계발 트렌드〉 보고서를 보면, 응답자의 70.3%가 '사소한 성취도 내 삶에 큰 의미가 된다'고 답한 것으로 나타났다. '자기계발이라고 해서 꼭 대단한 목표를 가질 필요는 없다'는 응답도 65.8%였다. '아침 7시에 일어나기'와 '삼시 세 끼 챙겨 먹기'를 실천 중이라는 수험생 이가영 씨는 "시험을 준비하면서 단기간에 눈에 보일 만한 성과가 없다 보니 쉽게 지치고 자신감이 떨어졌다. 매일 작게라도 성취감을 느끼고 싶어서 갓생 살기를 시작했다"고 말했다.

갓생러들은 공부나 일, 운동 같은 자기계발을 위한 생산적인 일도 중요하지만, 지친 마음을 돌보는 일도 중요하게 여긴다. '예쁜 접시에 디저트 담아서 먹기', '좋아하는 노래를 들으며 3줄 일기 쓰기' 같은 항목이 갓생의 구성 요소에서 빠지지 않는 이유다. 목표가 소소하다 보니 실패해도 부담스럽지 않다는 점도 갓생 살기에 몰두하게 되는 이유다. 스스로 갓생러라 칭한 한 MZ세대는 "갓생은 마라톤 같다. 가끔 목표 달성에 실패하더라도 다음 날 일어나서 더 좋은 체력으로 해내면 성취감이 든다"고 강조했다. 그는 이어 "예전에는 비싼 차나 명품을 가진 사람들이 갓생을 산다고 생각했지만, 시간 개념이 무색해진 요즘에는 부지런히 하루를 보내는 사람들이 또래들로부터 더 많은 공감을 얻고 롤모델이 되고 있다"고 말했다. 갓생은 인생을 배우는 러닝 어빌리티를 키우는 과정에 다름 아니다.

평생교육 전문 기업 휴넷이 출시한 성장 관리 앱 '그로우'는 도전자들이 서로 응원하며 함께 성장하는 '비경쟁 착한 성장 커뮤니티'를 지향한다.

스타트업 퍼블리가 운영하는 '커리어리'는 IT업계에 재직 중인 2030 직장인에게 특화된 커리어 SNS다. 국내외 내로라하는 IT 기업과 스타트업 현직자들이 공유하는 발 빠른 인사이트를 접하고 그들과 직접 네트워킹할 수 있어서 직장인과 취업준비생 사이에서 큰 관심을 끌고 있다. 네트워킹을 바탕으로 동종업계 및 관심업계에 대한 학습, 자기계발, 커리어 개발까지 이어갈 수 있어 직장인들의 필수 앱으로 자리 잡고 있다. 직장인들에게 러닝 어빌리티는 선택이 아니라 필수가 되고 있다.

Job Trend 04 러닝 어빌리티에서 유의해야 5가지 사항

변화의 시대를 이끄는 리더들에게 러닝 어빌리티가 중요해지고 있다. 급변하는 시기에 개인들은 러닝 어빌리티, 언러닝(Unlearning)과 리러닝(Relearning)을 통해 새로운 기술과 변화를 학습하며 자신만의 경쟁력, 오리지널리티(Originality)를 확보해야 한다. 이를 위해 '어떤 지위를 갖고 싶다'가 아니라 '어떤 문제를 해결하고 싶다' 차원으로 질문의 수준을 높여야 한다.

1. 자기 객관화를 위해 메타인지력을 높여라

메타인지력이란 자기가 아는 것과 모르는 것을 구분하는 능력이다. 메타인지력은 러닝 어빌리티를 키우는 데 도움이 된다. 메타인지력이 높아지면 자신의 수준이 어느 정도인지, 어떤 부분이 부족한

지 파악하고 분석할 수 있다. 이를 통해 자신에게 필요한 부분을 집중적으로 공부할 수 있다. 러닝 어빌리티를 위해선 무엇보다 자기 객관화가 이뤄져야 한다. 다시 한 번 강조하지만, 메타인지는 자신의 위치를 객관적으로 파악할 줄 아는 능력이다. 어떤 점이 부족하고 자신이 어떤 위치에 있는지 정량적으로 분석할 수 있어야 한다. 이를 통해 어떤 게 더 필요한지 파악한다. 기억력을 향상시키기 위해서 메모하기, 메모를 소리내어 읽기, 그림으로 그리기 등 다양한 전략을 사용하는 식이다.

2. 환경을 바꿔서 적극적 수용 모드를 만들어라

러닝 어빌리티의 효율은 집이나 방해가 없는 조용한 장소에서 올라간다. 시끄러운 카페나 음식점이라면 조용한 환경으로 이동하라. 마음을 진정시키기 위해 실제로 몸을 씻지 말고 물로 진정시키는 것도 좋다. 조용한 방을 여유롭게 산책하기, 마음을 달래는 동화책 읽기 등 차분한 마음을 가질 수 있도록 적어도 10분 동안 생각을 비운다. 새로운 지식이 들어갈 수 있게 항상 배우는 마음가짐을 가져야 한다. 즉, 적극적으로 수용 모드를 만들어야 한다.

3. 주의력을 분산시키는 멀티태스팅을 중지하라

러닝 어빌리티를 위해서는 멀티태스킹을 중지하는 것이 중요하다. 생산성이 떨어질 뿐만 아니라 주의력이 손상되고 이해력이 감소하기 때문이다. 한 가지 방식으로 학습함으로써 지식을 마음에 더욱 굳건히 자리잡게 할 수 있다.

4. 러닝 어빌리티를 높이기 위한 루틴을 만들어라

새로운 정보를 기억하기 위해선 루틴을 만들어 계속 연습하고 리허설을 하는 방법밖에 없다. 두뇌는 거대한 카메라와 마찬가지다. 당신이 무언가를 할 때마다 나중을 위해 스냅샷을 찍는다고 생각하라.

5. 지적 겸손함을 가져라

뭐니 뭐니 해도 가장 중요한 것은 겸손한 태도다. 경청하는 자세로 상대방이 무엇을 전달하려고 하는지 파악해 지식을 수용해야 한다. 이 모든 태도의 시작은 겸손함이다. 지식이 쌓이고 경험이 많아질수록 자기 확신이 강해지는데, 그 결과 자기 확증 편향에 빠지기 쉽다. 자기 확신은 러닝 어빌리티를 가장 방해되는 요소 중 하나다. 배움에 있어 겸손함은 아무리 강조해도 지나치지 않다.

참고문헌

- 김명희, 〈클래스101, 온라인 클래스 구독 서비스 전환〉, 전자신문, 2022.8.29.
- 노경진, 〈[니가트렌드] 공부 구독? 학습의 일상화 시대〉, MBC뉴스, 2021.1.7.
- 박성우, 〈코로나19 이후 떠오르는 미국 에듀테크 시장〉, KOTRA 해외시장뉴스, 2020.12.24.
- 송영수, 〈워크플로 러닝 : 일과 러닝의 병행 시대〉, HRinsight, 2022.7.26.
- 안소영, 〈대퇴직 아닌 대탐험 시대…필요하면 인사팀도 다시 뽑아라〉, 이코노미조선, 2022.8.20.
- 이우연, 〈"오늘부터 갓생"…Z세대가 코로나 블루를 견디는 법〉, 한겨레, 2021.8.22.
- 이현일, 〈빅데이터·AI·딥러닝…판 커지는 임직원 재교육 시장〉, 한국경제, 2022.5.24.
- 이후섭, 〈"성인 교육 시장이 대세"…코로나에 디지털 전환 수혜 톡톡〉, 이데일리, 2022.2.1.
- 조윤경, 〈[DBR]"디지털 전문가, 내부서 육성"… 기업 '리스킬링' 바람〉, 동아일보, 2022.8.10.
- 최동현, 〈MZ세대 '갓생' 지원하는 IT 서비스 눈길〉, 아시아경제, 2022.7.31.
- 마리아 코로로프 , 〈AI 전문가 구인난 속 '기존 직원 재교육'에 주목한 기업들〉, CIO Korea, 2018.8.10.

10

시니어 케어

나이 드는 몸은 재정적 블랙홀이다.
엄청난 양의 돈을 그 속으로 빨아들인다.

－리처드 람

초고령 사회, 시니어 케어 시장이 주목받는다

시니어(Senior)는 인생 후반전을 살아가는 퇴직한 50대 이상 사람들을 지칭하기도 하지만, 통상적으로는 60세 이상, 공식적으로는 65세 이상 고령자를 말한다. 또한 65세 이상 인구 수가 20% 이상인 사회를 초고령 사회(Super-Aged Society)라고 정의한다.

현재의 시니어층은 과거 실버 세대와는 완전히 다른 가치관과 소비 패턴을 보이고 있으므로 기존 고정관념을 버릴 필요가 있다. 특히 기업들이 소비 주체로 주목하는 액티브 시니어는 넉넉한 자산과 시간적 여유를 바탕으로 자신에 대한 투자를 아끼지 않고, 자기 발전을 위해 끊임없이 노력한다는 특징을 지니고 있다.

시니어의 라이프스타일과 취향이 시대에 따라 변화하면서 의식주 등에 관련된 필수재 소비지출이 아닌, 쇼핑이나 외식, 오락, 문화 활동에 대한 소비지출이 더욱 늘고 있다.

2022년이 '시니어 시프트'의 해였다면, 2023년에는 '시니어 케어(senior care)' 트렌드가 확산될 전망이다. 시니어 케어는 신체적, 정신적으로 불편한 시니어들을 보살피는 것을 의미한다. 즉, 단순히 일상을 관리하는 일에서부터 건강 상태를 유지관리하고 및 노후 생활을 함께하는 것을 가리킨다. '시니어 케어 산업'은 주로 시니어를 대상으로 하는 요양 서비스를 의미하며, 고령자를 위한 용구나 용품, 의료기기 사업을 통칭한다. 초고령 사회의 도래로 시니어 시프트는 국가적 어젠다로 부각되고 있다.

'노노케어(老老care)'라는 말이 더 이상 낯설지 않다. '노노케어'란 상대적으로 더 젊은 노인이 좀 더 나이 든 노인을 돌보는 것을 말한다. 50~60대 요양보호사들이 왕성히 활동하고 있듯, 노노케어는 100세 시대 고령화로 인한 문제를 해결하는 한 축을 담당하고 있다.

한편, 초고령 사회가 눈앞으로 다가온 지금, 인구 수가 많고 높은 구매력을 갖춘 시니어층이 새로운 소비의 주체로 떠오르고 있다. 통계청의 가계 금융 복지 조사 결과에 따르면 시니어 고객들의 은행 예금 자산은 130조 원(2019년 기준)으로 추정된다. 인구 수가 많아지고 자금력까지 갖춘 이들을 공략하기 위해서 자연스럽게 시니어 케어 시장도 높은 성장률을 보이고 있다.

세상은 팬데믹에서 엔데믹으로 넘어가고 있다. 2022년 9월 WHO 사무총장 테워드로스 아드하놈 거브러여수스는 "코로나 대유행의 끝이 보인다"고 말했다. 국내외에서 코로나 유행이 팬데믹에서 엔데믹으로 옮겨가는 새로운 국면을 맞고 있다. 코로나 종식의 불확실성은 여전히 존재하지만 낙관적인 전망을 내놓는 곳이 점점 많아지면서 산업 시장은 앞으로 점점 활기를 찾을 것으로 기대된다.

2023년 시니어 케어 시장의 전망이 유독 밝다. 시니어의 가처분 소득 증가로 관련 시장 규모가 확대되고 있다. 시니어가 시장의 주요 소비층이 급부상하고 있는 것이다. 소비의 주체로서 시니어층에 주목해야 할 때다.

시니어 케어에서 살 길을 찾는다

미국과 영국, 일본 등 세계적 선진국에서는 이미 '시니어 케어' 트렌드가 확산되고 있다. 시니어 인구가 늘어나면서 시니어 케어 산업 규모는 더욱더 커지고 있다. 해외에서는 이미 오래전부터 고령화 문제를 해결하기 위해 다양한 노력을 기울여왔다. 대표적으로 AWS(Amazon Web Services)는 인공지능 스피커 '알렉사'를 통해 헬스&웰니스(Health & Wellness) 서비스를 제공하고 있다. 이를 통해 수집된 고령자의 건강, 활동 데이터를 기반으로 노인성 질환에 대한 사전진단과 명상, 운동 콘텐츠를 제공하며 노인 스스로 건강 관리를 할 수 있는 서비스를 제공하고 있다.

물류 기업인 UPS는 보유한 물류망을 활용해 2019년 홈케어 시장에 진출했다. UPS는 고령자를 위한 약물 배송 실시간 추적 시스템인 'UPS 프리미어 골드(UPS Premier Gold)'를 구축했다. 민감성 높은 약물을 다루는 만큼 정확도 높은 실시간 추적 시스템을 도입해 고객 편의를 높였다. 시스템의 바탕이 되는 메시 네트워크(Mesh Network)는 사물인터넷 통신을 지원하는 기술이다. 안테나 역할을 하는 무선 통신 라우터가 메시 노드가 돼 모든 구간을 무선으로 연결한다. 와이파이 존을 넓은 범위로 확장한 방식으로 이해하면 된다. 와이파이에 접속하는 것처럼 네트워크를 간단히 사용할 수 있다. 와이파이 선 하나만 연결하면 해당 장소에 인터넷이 연결되는 것처럼, 메시 네트워크에도 대표 AP(Access Point)만 유선으로 연결하면 된다. 이러한 원리로 실시간 추적이 가능하다. 사용자가 메시 네트워크 범위 안에 있는 택배를 확인하면, 택배에 부착된 메시 네트워크 센서가 이를 인식해 실시간으로 위치를 파악할 수 있다.

영국의 '홈 인스테드 시니어 케어(Home Instead Senior Care)'는 고령자를 집에서 돌봐주는 서비스를 제공하는 세계 최대의 프랜차이즈 시니어 케어 업체다. 홈 인스테드의 서비스는 노화로 몸의 움직임이 불편하거나 귀가 어두워지는 등 일상생활에서 도움이 필요한 고령자들을 위해 케어기버(Caregiver)들이 정기적으로 방문해서 고령자들의 일상생활을 돌봐준다. 동반자 서비스는 훈련된 전문 돌봄 전문가에 의해 진행되는데 이들의 업무는 특정돼 있지 않다. 상담, 조언, 일상생활 지도, 독서, 음악 듣기 등 다양한 활동을 우선적으로 실시하며, 필요한 경우 지역사회 자원을 활용한다. 시간 및 장소에 따라 변하는 고령자와 이들 가족의 욕구를 충족시키기 위해 다방면으로 노력하고 있다. 1994년 설립된 이 회사는 고령화가 급속히 진행되면서 꾸준히 사업을 확대하여 현재는 미국과 유럽 등 전 세계 14개 국 1000여 개 프랜차이즈가 서비스를 제공 중이다.

2007년 설립된 '커넥티드 리빙(https://ww.connectedliving.com)'은 요양 시설에 거주하는 고령자를 지역사회와 가족, 요양 시설 내 동료와 연결해주는 플랫폼을 제공하는 회사다. 코로나 시대 감염병 노출 위험을 줄이고, 사회적 고립을 해결해주는 일석이조 역할을 하고 있다. 태블릿, 인공지능 스피커, 컴퓨터, 스마트폰, 소셜 로봇, 애플TV 등 다양한 IT 기기를 활용해 고령자들이 시설 내 다른 동료들과 쉽게 소통할 수 있도록 돕고 있다. 요가 및 교육 활동 참여, 영화 감상 등 다양한 여가 활동 콘텐츠를 혼자서 또는 동료와 함께 즐길 수도 있다.

스마트폰 앱을 설치하면 부모가 있는 실버타운 및 요양 시설의 활동 소식을 자녀가 받아볼 수도 있다. 이를 통해 부모가 건강한지, 요양 시설에서는 어떻게 부모를 돌보고 있는지 실시간으로 확인할 수 있다. 커넥티드 리빙 앱을 통해 직접 영상통화를 할 수도 있다. 이 플랫폼은 실버타운이나 요양 시설이 직접 구매하고 고령자와 가족이 관련 서비스를 사용하는 형태로 제공된다. 시설 운영 측에는 포스트 코로나 시대에도 시설 거주자들이 감염병에서 안전한 환경 속에서 심리적 안정감 증대 및 소외감 해소, 친구 및 가족와의 연대감 고취를 꾀할 수 있는 장점이 있다.

케어푸드 시장의 움직임도 뜨겁다. 고령화율이 높아지면서 케어푸드 시장은 눈에 띌 만한 성장세를 보이고 있다. 2005년 초고령 사회에 들어선 일본의 경우 2017년 식사 대용식, 메디푸드(건강상의 이유로 식생활 개선이 필요한 환자들에게 제공되는 제품), 드링크 등 케어푸드 관련 시장이 12조 원 규모를 넘어섰다. 케어푸드는 건강상 이유로 맞춤형 식품이 필요한 사람을 위한 먹거리를 말한다. 고령자와 환자를 위한 치료식, 연화식(씹기 편한 제품), 연하식(삼키기 편한 제품) 등을 포괄하는 용어다. 직접 조리하기 어려운 이들을 위한 배달 서비스 및 도시락 택배 서비스 또한 인기를 끌고 있다.

시니어 케어 - 국내 동향

양질의 경험이 시장을 만든다

시니어 케어 시장은 결국 고령층 수요자들에 의해 만들어진다. 고령층의 경험이 시장을 지배할 수밖에 없는 이유다. 서울연구원이 발표한 자료를 보면 2020년 50대의 온라인 소비액은 3조 5억 원으로, 2019년의 2조 9000억 원 대비 22.3%나 증가했다. 60대 이상의 온라인 소비액 역시 2020년 1조 4000억 원으로 2019년의 1조 2000억 원에서 18.6%나 증가한 것으로 나타났다.

시니어 케어 사업은 출퇴근 형식으로 낮 동안 돌봄 서비스를 제공하는 '데이케어센터 사업'과 요양관리사가 집으로 방문해 돌봄 서비스를 제공하는 '재가 서비스 사업'으로 크게 나뉜다. 그간 시니어 케어 산업의 근간인 돌봄 서비스는 인력 중심의 노동집약적 서비스로, IT 기술이나 디지털 혁신과는 거리감이 있었던 게 사실이다. 그러나 최근 디지털 기술의 빠른 발전과 선도 기업의 적극적인 디지털 혁신으로 인해 급격히 변화하고 있다.

최근 보험사들은 시니어 세대를 위한 서비스를 늘리는 데 주력하는 모습이다. 인구 고령화가 진행되면서 60세 이상 보험 가입 수요가 보험 상품에 비교적 관심이 덜한 3040세대보다 더 많아졌기 때문이다. 보험연구원의 자료에 따르면 2010년부터 2019년까지 10년간 세대별 보험 신계약 건수 중 60세 이상 신계약 건수는 10년 전보다 19.8% 증가했다. 반면 같은 기간 30세 미만은 5.5%, 30대는 7.2%, 40대는 3.3% 감소해 마이너스 성장하는 모습을 보였다.

또한, 10년간 60세 이상 장기손해보험 신계약 증가율은 20.9%로 집계됐다. 이어 50대(9.9%), 30세 미만(2.6%), 40대(2.5%), 30대(0.5%) 순으로 나타나 청년층에 가까울수록 보험에 대한 관심이 현저히 떨어지는 것으로 조사됐다. 보험사가 보유한 계약 중 고령층의 비중도 확대됐다. 생명보험사의 전체 보유 계약 건수 중 60세 이상 고령층이 차지하는 비중은 2010년 7.6%에서 2019년 21.2%로 13.6%포인트 상승했다. 보험 가입자 평균 연령 역시 높아졌다. 개인형 생명보험은 2010년 38.3세에서 2019년 46세로, 장기손해보험 역시 같은 기간 38세에서 43.7세로 증가했다.

이렇다 보니 보험사들은 고령층 고객을 잡기 위해 노력 중이다. 비교적 디지털 환경에 취약한 고령층 세대 전용 콜센터를 운영하거나, '큰 글씨 서비스' 등을 도입해 이용 편의성을 높이는 것은 기본이다. 여기에 시니어 케어 서비스를 위한 업무 협약을 체결하고, 시니어 보험 상품도 속속 출시하고 있다.

교보생명은 최근 방문요양 서비스 스타트업 '케어링', 간병인 매칭 서비스 스타트업 '유니메오'와 전략적 업무협약(MOU: Memorandum of Understanding)을 맺었다. 이번 MOU로 보험사의 핵심 고객인 50대 이상 세대들에게 차별화된 서비스로 새로운 가치를 제공할 계획이다. 교보생명은 이번 협약을 통해 자사 앱에서 고객들이 방문요양 서비스와 간병인 매칭 등의 서비스를 받을 수 있도록 했다. 향후 단계적으로 서비스를 확대해 고령층 치매 예방, 맞춤 여행 등 종합 케어 서비스를 제공할 계획이다.

DB생명은 고령층 고객 전용 콜센터를 마련하고 보험금 청구를 어렵게 생각하는 소비자를 대상으로 지정 대리 청구인 제도를 도입했다. 현대해상은 디지털 창구에 비치된 태블릿 PC에 서식 왜곡 없이 특정 부분을 확대하는 기능을 도입했다. 미래에셋생명은 디지털 라운지에 상주 직원을 고용해 고령층의 청구 업무를 돕도록 했고, 삼성화재는 시니어 고객 패널 제도를 신설해 고령층 고객의 의견을 직접 듣고 상품에 반영하고 있다.

시니어테크 산업이 뜬다

최근 고령층을 대상으로 오프라인 서비스와 IT 플랫폼을 접목한 요양 돌봄 중개, 액티비티 체험, 맞춤형 건강기능식품 추천 서비스 등을 제공하는 시니어테크 스타트업들이 빠르게 성장하고 있다. 통계청에 따르면 2022년 6월 기준 국내 고령층 인구(만 55~79세)는 1509만 8000명으로, 처음으로 1500만 명을 넘어서는 등 시니어테크의 성장 가능성은 무한하다.

시니어테크의 대표 주자인 한국시니어연구소는 방문요양센터와 고객(요양 노인 또는 보호자)을 연결해주는 중개 서비스 '스마일시니어'를 운영하는 스타트업이다. 방문요양이란 거동이 불편한 만 65세 이상 노인이 집에 주기적으로 방문하는 전문 요양보호사의 돌봄을 받는 서비스다. 스마일시니어는 현재 전국에 60개 파트너(방문요양센터 등)를 확보하고 월 거래액 15억 원을 달성했다.

한국시니어연구소는 방문요양 중개 플랫폼에서 한 발 더 나아가 거동이 불편한 노인에게 필요한 모든 것을 제공하는 플랫폼이 되는 것을 목표로 하고 있다. 이를 위해 방문요양센터 대상 행정 업무 자동화 솔루션 '하이케어', 약 1만 명의 요양보호사를 수요자들에게 맞춤 매칭해주는 구인·구직 플랫폼 '요보사랑' 등을 운영하고 있다.

활동적인 체험을 원하는 5060세대, 이른바 액티브 시니어를 위한 취미 플랫폼도 빼놓을 수 없다. 로쉬코리아는 시니어를 위한 액티비티 체험 서비스 '시소'를 운영하는 스타트업이다. 시소는 미술 클래스·한지 공예 등 취미 교육, 다이닝 커뮤니티·음악 살롱 등 문화 체험, 농장 나들이, 서울 근교 여행 같은 액티비티 등 다양한 콘텐츠를 제공하고 있다. 이용자는 카카오톡 채널로 자신에게 최적화된 액티비티를 제안받고 온·오프라인으로 신청할 수 있다. 로쉬코리아는 5060 시니어 세대의 경우 40대들이 주로 찾는 문화센터에 다니기가 애매하기 때문에 동호회 활동이나 문화 체험을 하는 것이 쉽지 않다며 이 같은 점에 착안해 서비스를 개발해 시니어 고객들에게 큰 호응을 얻고 있다고 밝혔다.

50대 이상 고령층을 위한 몸 관리 앱도 새롭게 등장했다. 플래닛350이 운영하는 홈트레이닝 앱 '메모핏'은 액티브 시니어들에게 적합한 앱이다. 지난해 9월 출시한 메모핏은 시니어 세대 사용자를 위한 전용 앱으로 치매·재활의학 전문 인력은 물론 운동 프로그램 설계, 영상·콘텐츠 구현 인력이 함께 제작한 것이 특징이다.

사용자가 6가지 체력 테스트를 통해 자신의 건강 상태와 운동 능력을 입력하면 자체 알고리즘이 맞춤형 운동 프로그램을 제안한다. 무엇보다 직관적이고 간편한 화면 구성으로 고령자들도 쉽게 따라 할 수 있도록 설계됐으며, 운동마다 각각 완성도와 정확도를 측정할 수 있어 전담 트레이너로부터 PT를 받는 듯한 효과를 기대할 수 있다.

레몬박스는 고령층에게 맞춤형 건강기능식품 패키지를 추천하는 온라인 스토어다. 이용자 설문조사를 기반으로 자체 개발한 브랜드 '인생' 건강기능식품과 함께 기존 건강기능식품 제품이 들어 있는 패키지 박스를 제공한다. 허세욱 레몬박스 대표는 "저렴하고 우수한 품질의 건강기능식품 패키지가 있으면 좋겠다는 생각에 서비스를 만들었다"며 "영양제 구매의 새 문화를 만드는 것이 레몬박스가 추구하는 목표"라고 밝혔다.

시니어 팬덤의 등장

젊은층 못지않게 인터넷과 스마트폰 활용에 익숙하고, 자신을 위한 소비에 적극적인 액티브 시니어는 자신이 사랑하는 셀러브리티에게 소비를 서슴지 않는다. 건강과 소비 여력을 가진 베이비부머들이 본격 은퇴하기 시작하면서 엔터테인먼트 시장에서도 60대 이상 충성 고객을 중심으로 '실버 팬덤' 현상이 활발하게 나타나고 있다.

〈미스트롯〉과 〈미스터트롯〉 등 트로트 열풍으로 시작된 팬덤 문화는 본방 사수는 물론이고, 음원 결제와 스트리밍 릴레이에도 적극적이다. 아티스트의 친필 사인이 들어간 컵, 사진이 프린팅된 우산 같은 굿즈도 MZ세대처럼 활발하게 구매하면서 관련 시장도 커지는 추세다. 굿즈 마케팅은 단순히 홍보용 기획 상품을 만드는 것을 넘어 팝업스토어를 열거나 협업 굿즈를 만들어내는 데까지 진화하면서 기업이 시니어와 소통하는 하나의 방법이 됐다.

바쁘게 살았던 젊은 시대를 회상하면서 악기를 배우거나 트로트 가수 또는 특정 연예인을 추종하는 고객 커뮤니티에서 활발히 활동하며 조용한 관람자에서 참여형 소비자로 변화하는 시니어 세대를 쉽게 볼 수 있다. 경제적·시간적 여유가 있는 시니어에게 팬심은 위안을 얻는 수단이기 때문에 영향력을 확대해가며 그에 따른 경제적 파급력이 점점 커질 전망이다.

한편, 혼자 살거나 직접 음식을 만들지 못하는 고령층을 위한 케어푸드도 급부상하고 있다. 케어푸드 시장에서 후발 주자인 우리나라도 맛과 영양을 겸비한 케어푸드 관련 연구와 제품 출시에 박차를 가하고 있다. 한국농수산식품유통공사(aT)에서 조사한 국내 케어푸드 시장은 2011년 5100억 원 수준이었지만 2020년 2조 원을 돌파하며 가파른 성장세를 나타냈다. 2025년에는 3조 원에 이를 것이란 전망도 나온다. 2021년 고령 친화 식품 산업 시장 규모는 17조 6000억 원으로 2015년 9조 3000억 원보다 88% 증가했다. 케어푸드 소비자 그룹 중에서 가장 부유한 1차 베이비부머(1955~1963년생) 그리고 향후 10년 내 시니어로 전환될 2차 베이비부머(1968~1971년생)의 수는 1000만 명에 육박한다. 시니어 시장을 목표로 한 건강기능식품과 고령 친화 케어 시장이 지속 성장할 것으로 보는 이유다.

80대 시니어 모델, 90대 요가 강사, 100세 스타 철학 강사 등 적극적으로 삶을 즐기는 시니어 세대를 쉽게 찾아볼 수 있다. 시니어를 어떻게 케어할 것인가? 시니어 세대는 단순히 타인에게 케어받는 것을 좋아하지 않는다. 시니어들은 점차 스스로 어떻게 케어할 것인지 고민하고 있다. 이제 시니어 케어에 대한 고정관념을 과감하게 버려야 한다. 시니어는 자신의 시간을 행복하게 채우기 위해 자기계발을 하려는 욕구가 강하고, 인생 후반전을 더 의미 있게 살고자 한다.

1. 시니어에게 가장 먼저 찾아오는 것은 노안이다

눈은 인체 기관 중 가장 쉽게 피로를 느끼는 부위다. 눈의 피로가 축적되면서 노안(老眼)을 호소하는 세대가 앞당겨지고 있다. 눈이 피로해지면 물수건을 따뜻하게 해서 온찜질을 해주면 혈액 순환이 되면서 피로를 덜 수 있다. 진짜 노안이 왔다면 자신의 눈에 맞는 돋보기를 착용하는 게 좋다.

2. 노화로 인해 잘 안 들리면 보청기를 껴야 한다

노화로 인한 청력 저하는 주로 고음 영역이 잘 들리지 않고, 소리가 나는 쪽 방향을 감지하기 어려운 형태로 나타난다. 청력 저하를 방치하면 치매나 우울증이 동반되거나 선행해 나타난다는 연구 결과가 많으므로 주의 깊은 관찰이 필요하다.

3. 노화 현상 중 하나가 잔소리가 느는 것이다

노화 현상 중 하나로 불만과 잔소리가 느는 것이 있다. 젊은이의 행동이 이해되지 않아 '꼰대'로 불리는 행동을 하기도 한다. 하지만 잔소리를 해봤자 소용없다. 오히려 반감만 사게 되니 매사 감사하는 마음을 갖고 일기를 써보자.

4. 나이가 들면 화를 잘 낸다

그동안 눌러왔던 화가 나이가 들어 뒤늦게 터져 나오는 경우가 더러 있다. 화를 내면 상대가 불쾌감을 느끼게 된다. 화를 많이 내는 것은 자신의 건강에도 해롭다. 화를 내기 전에 다시 한 번 언어로 감정을 표현하는 연습이 필요하다.

5. 시니어에게 적당한 운동은 선택이 아니라 필수다

규칙적으로 운동하지 않으면 몸은 약해질 수밖에 없다. 목, 허리, 어깨 등 척추 부위의 근육과 인대가 약해지고 뼈에 골다공증이 일어나 체형이 구부정해진다. 맨손체조나 걷기, 마라톤 등을 일상화하면 반듯한 체형을 유지할 수 있다.

참고문헌

· 김정근, 〈[더오래] 포스트 코로나 시대에 뜰 시니어 비즈 3선〉, 중앙일보, 2020.7.11.
· 서용구, 〈시니어, 마켓의 변화를 주도하다〉, 미래에셋증권, 2022.2.8.
· 이나경, 〈"내 건강 디지털로 챙긴다" 셀프 케어 인기에 주목받는 스타트업들〉, 아주경제, 2021.9.2.
· 이준, 〈[신사업리포트] 3조 원 '케어푸드' 시장 잡아라〉, 식품외식경영, 2022.4.14.
· 정지성, 〈"1500만 고령층 잡아라"…시니어테크 벤처 뜬다〉, 매일경제, 2022.8.17.
· 김정근, 〈실버 산업 해외 사례와 활성화 전략〉, 보험연구원, 2020.7.27.

part 3

How

업종별
채용 트렌드 현황

대한민국 기업은 지금 업종 재편 중

코로나 이후 산업 전반에서 업종이 재편되면서 지각 변동이 일어나고 있다. 이는 아날로그에서 디지털 방식으로 전환되면서 사용자 맞춤형으로 변하고 있기 때문이다. 예전부터 채용 과정은 기술 발전과 보급에 따라 큰 변화를 겪어왔다. 매일 아침 신문의 구직란을 살펴보는 행위가 인터넷이 보급됨에 따라 수많은 채용 정보 사이트를 보는 것으로 바뀌었다. 모바일 시대가 되면서 구직자들은 앱을 통해서 취업 정보를 수시로 확인한다. 구직자는 링크드인 등 SNS 플랫폼을 통해 불특정 다수를 대상으로 자신을 피력할 기회를 얻었고, 고용주는 실시간으로 업데이트되는 구직자의 목록을 받게 됐다.

주목할 만한 부분은 비대면 문화의 발달로 언제 어디서나 서비스 이용이 가능한 클라우드 방식이 활성화되었다는 것을 꼽을 수 있다. 이를 통해 디지털 피트니스, 디지털 교육, 디지털 재판 등의 이용률이 급격히 높아져 기존 대면 서비스들의 획기적인 전환이 이뤄지고 있다. 기업들이 스스로 업무 환경을 변혁하기 위한 디지털 전환 역시 가속화되고 있다. 이제 디지털 전환은 과정을 넘어 산업 전체의 필수 요소로 자리 잡았다. 디지털에서 일하는 방식은 선택이 아니라 필수다. 많은 기업에서 사물인터넷, 클라우드 컴퓨팅, 인공지능, 빅데이터 솔루션 등 ICT를 기반으로 업무 플랫폼을 구축 및 활용하고 있다.

지금 세계는 디지털로 통합된다

지금 세계는 IT를 넘어 디지털 전환, 즉 DX 시대로 변화하고 있다. DX는 '디지털 트랜스포메이션(Digital Transformation)'의 줄임말로, 스웨덴 우메오대학 교수 에릭 스톨터만이 2004년 발표한 개념이다. 넓은 의미로는 '계속해서 진화하는 디지털 기술을 사람들의 생활에 침투시킴으로써 생활을 더욱 풍요롭게 만드는 것'이라고 할 수 있다.

이를 '디지털 전환'이라고 번역했지만, 사실 '전환'이라기보다는 '변혁'이라는 개념이 더 어울린다. 디지털 전환은 단순한 '변혁'이 아니라 '파괴적인 변혁'을 의미하는 '디지털 디스럽션(Digital Disruption)'이자, 현존하는 틀이나 가치관을 근본적인 것부터 바꾸어놓는 이노베이션(innovation)이다.

디지털 전환이 빠르게 이루어지면서 생산과 소비, 유통 등 경제 전반에서 자동화·인공지능화를 통한 생산성 향상이 이뤄지고 있다. 과거에 오프라인 위주였던 산업에서 핀테크, 프롭테크(proptech, 부동산 자산을 뜻하는 '프러퍼티property'와 기술을 뜻하는 '테크놀로지technology'의 합성어. 첨단 기술과 결합한 부동산 서비스를 말한다) 등 디지털화가 빠르게 이루어지고 있어 향후 IT·인공지능 관련 업종에 인력 수요가 더 집중될 것으로 예상된다. 여기에 금융과 유통 등 이종 산업간 융합도 급물살을 타면서 금융이라는 '업의 본질'이 바뀌는 장면들이 여기저기에서 연출되고 있다.

디지털 리터러시 평가 도입

금융업 채용의 인재상은 변화의 급물살을 타고 있다. 과거처럼 창구에서 고객을 맞이하는 신입 행원을 채용하기보다 '디지털 리터러시(Digital Literacy)' 인재를 맞춤식 채용하고 있다. 신입 행원 공채에 디지털 역량을 측정하는 '디지털 리터러시' 평가가 도입되고 있기 때문이다. 디지털 리터러시 평가는 논리적 사고력과 문제 해결 능력, 데이터 분석 능력 등을 평가하는 전형으로 널리 확산될 전망이다. 특히 시시각각 새로워지는 IT 기술과 디지털 트렌드를 따라가기 위해 항상 공부하는 사람을 선호하는 추세다. 해당 사업 부문에 대해 단순한 관심 수준이 아니라 실제로 어떤 활동을 하고 있는지 업에 대한 이해가 뒷받침되어야 한다. 또한 디지털 분야는 혼자 일하기보다는 프로젝트 단위로 협업하는 경우가 많기 때문에 협업에 적합한 인재를 선호한다. 디지털 전환을 어떻게 진행할 것인지 기획하고 실행하는 주체는 결국 '사람'이기 때문이다.

MZ세대가 신입 사원의 주축이 되면서 기업의 인재상에도 변화가 생겼다. 사람인이 최근 기업 538개 사를 대상으로 '인재상 키워드 변화'에 대해 조사한 결과, 기업 5곳 중 2곳(42.9%)이 5년 전과 비교해 변화가 '있다'고 답했다. 과거에 비해 더 중요해진 인재상 키워드는 '책임감'(52.8%)이 1위를 차지했다. 뒤이어 '소통 능력'(32.9%), '성실성'(32.9%), '팀워크'(28.6%), '긍정적인 태도'(25.1%), '전문성'(16.5%), '열정'(15.6%), '도전'(15.2%), '배려'(14.7%), '위기 대응 능력'(14.3%) 순이었다. 왜 갑자기 '기본'이라고 할 수 있는 책임감, 소통 능력, 성실성이 기업의 인재상으로 떠오르고 있는 것일까? 코로나의 영향으로 비대면이 강화되면서 신입 사원 교육, 직장 내 교육 훈련(OJT: On-the-Job Training) 등 온보딩을 면밀하게 할 수 있는 형편이 되지 않은 것도 있지만 근본적인 이유는 MZ세대의 특징이 반영되었기 때문으로 볼 수 있다. 기업들은 인재상이 변화한 이유로 'MZ세대의 유입 등으로 인재의 특징이 변해서'(64.9%)를 첫 번째로 꼽았다. 과거 세대와 비교해 확연한 차이를 가진 MZ세대가 신입 사원의 주축이 되면서 이들에게 요구하는 인재상에 변화가 생긴 것이다. 다음으로 '급변하는 경영 환경에 대응하기 위해서'(32.9%), '인재 채용 트렌드가 바뀌어서'(27.7%), '인재 운영 전략이 바뀌어서'(13.9%), '신사업 등 경영 전략이 변화해서'(11.3%) 등의 이유를 들었다. 책임감, 소통 능력, 성실성, 팀워크 등이 중요해진 이유에는 비대면이 일상화되고 재택근무 등이 본격화된 사회적 배경이 영향을 미쳤다. 지각, 휴가, 퇴사 시 상사와 제대로 소통하지 않는 등 기존 세대가 볼 때 책임감이 부족하게 느낄 수 있기 때문이다.

실제로 인재상이 기업에 걸맞은지 여부는 채용 과정에 상당한 영향을 미치는 것으로 나타났다. 기업의 '인재상(人材像)'이란 자기 조직에 맞는 인재의 모습을 나타내는 말이다. 사람인이 조사한 결과, 채용 시 인재상 부합 여부가 당락에 미치는 영향은 평균 58%로 집계됐으며, 응답 기업의 77%는 지원자의 역량이 충분하나 인재상에 부합하지 않아 탈락시킨 경험이 있다고 밝혔다. 반대로 스펙은 부족하지만 인재상이 부합해 합격시킨 경험이 있다는 기업의 비중은 86.1%에 이르렀다. 최근 신입 사원의 퇴사율이 높아지는 것도 조직 적합도가 떨어지기 때문이라는 시각이 많다. 기업 입장에서는 기업 인재상에 맞는 사람을 뽑을 수밖에 없다는 얘기다.

신한은행의 채용은 SLT(필기시험), 인공지능 역량 검사, 1·2차 면접 순으로 진행된다. 신한은행은 '디지털 상상력을 발휘해 새로운 가치를 창출할 수 있는 인재'를 찾는다고 밝혔다. 단순히 지식을 검증하는 것이 아니라 디지털 기술과 관련된 기본적인 이해와 소양을 바탕으로 금융업에 다양한 아이디어를 접목시킬 수 있는 인재가 신한은행이 원하는 디지털 인재다.

하나은행이 원하는 인재상은 '디지털 혁신을 선도할 수 있는 역량과 글로벌 마인드로 금융의 차별화를 이뤄낼 수 있는 능력을 겸비한 인재'다. 하나은행 채용 담당자는 "다양한 사회 활동을 통해 입사지원 시 본인만의 스토리를 만들어 활용하는 게 도움이 될 것"이라고 조언했다.

KB국민은행은 서류 전형부터 지원 자격에 제한을 없앤 블라인드 채용을 진행한다. 국민은행은 프레젠테이션, 실무, 세일즈, 토론, 경험 면접 등을 진행하는 1차 면접과 2차 임원 면접을 시행한다. 1차 면접에선 직무 이해도를 기반으로, 2차 면접에선 자기소개서를 기반으로 지원자의 인성, 조직 적합도, 직무 전문성 등 종합 역량을 검증한다. 국민은행 채용 담당자는 "고객과 조직의 가치를 증대시킬 수 있는 영업 역량 및 디지털 역량과 관련된 활동이나 경험이 도움이 될 것"이라고 강조했다.

우리은행은 디지털 트렌드에 꾸준히 관심을 갖고 새로운 아이디어를 부여해 디지털화된 사고를 할 수 있는 인재를 선호한다고 밝혔다.

NH농협은행 채용 담당자는 "40년 동안 함께 근무하고 싶은 사람을 뽑고 싶다"며 "초혁신 디지털 뱅크 농협은행을 구현하기 위해 디지털 관련 자격증을 보유한 사람을 우대하고 있다"고 강조했다.

아울러 "은행뿐 아니라 사회 전반적으로 디지털이 화두인 만큼 각종 매체를 통해 접한 디지털, IT에 관한 이슈와 용어를 자기 것으로 만들어놓는다면 좋은 결과를 얻을 수 있을 것"이라고 설명했다.

은행 채용 담당자들은 서류 준비부터 면접을 통과하기까지 '진실성'이 가장 중요하다고 입을 모았다. 특히 서류 제출부터 최종 면접까지 전 과정을 관통하는 건 자기소개서라며, 남이 아닌 본인의 경험에서 우러나온 솔직한 내용을 담아야 한다고 조언했다.

이와 관련, 신한은행 채용 담당자는 "자기소개서에 본인의 경험을 진솔하게 담아내고 본인의 어떤 역량이 신한은행에 필요한지 효과적으로 표현해야 한다"고 강조했다. "입행을 위해 그동안 어떤 역량을 키워왔는지, 입행 후 신한은행과 함께 어떻게 성장해 나가고 싶은지 본인의 경험과 연결 지어 진솔하게 담아내는 것이 중요하다"고 덧붙였다.

국민은행 채용 담당자도 "자기소개서가 본인의 경험을 바탕으로 꾸밈없이 작성됐는가를 보고 있다"며 "은행의 인재상과 핵심 가치를 잘 이해하고 본인만의 스토리를 잘 구성한다면 우수한 평가를 받을 것"이라고 밝혔다. 이어 그는 면접을 준비하는 과정에서 본인이 기업의 인재상에 가장 잘 부합하는 사람임을 적극적으로 표현해야 한다고도 설명했다.

NH농협은행 채용 담당자는 면접을 진행하는 데 있어 지원자의 태도가 중요하다고 지적했다. 평소 준비하지 않았던 부분을 질문 받았을 때 당황하지 않고 논리적으로 의견을 개진하는 모습을 높게 평가한다는 것이다.

우리은행 채용 담당자도 지원자의 열정, 철저한 준비성만큼이나 기본 소양이 중요하다고 했다. 그는 "직무에 얼마나 적합한 인재인지, 품성이 바른지, 은행 업무에 적합한 인재인지 등을 종합적으로 평가한다"고 말했다. 디지털이 중심이 되더라도 기본 품성이 중요하다는 것을 잊어서는 안 된다.

이제 모든 것은 데이터로 통한다

금융권 채용의 주요 키워드로 마이데이터를 빼놓을 수 없다. 마이데이터 서비스가 전면 시행되면서 금융권의 데이터 전쟁에 불이 붙었다. 하나의 앱으로 모든 금융 계좌를 관리할 수 있는 '오픈뱅킹'과 가명 처리된 개인정보를 기업이 활용할 수 있는 '데이터 3법'(개인정보보호법, 신용정보법, 정보통신망법 개정안) 등이 시행되면서 금융권의 데이터 경쟁은 더욱 치열해질 전망이다.

마이데이터 사업은 금융권의 데이터 전쟁에서 승패를 가를 분수령이 될 것으로 보인다. 2022년 1월 5일 '내 손 안의 금융 비서' 마이데이터 산업이 본격 도입된 이후 실제로 많은 변화가 일어났다. 마이데이터는 소비자가 금융 회사들에 흩어져 있는 개인 신용정보를 모아 관리하고 불필요한 곳에 저장된 정보를 삭제할 수 있는 서비스다. 마이데이터를 통해 일반 고객도 일부 고액 자산가들이 받던 맞춤형 자산관리 서비스를 받을 수 있게 됐다. 한마디로 하나의 금융 앱에서 내가 보유한 금융 자산을 한번에 훑어보는 등 더욱 편한 금융 서비스를 누리게 된 것이다.

마이데이터는 개인이 자신의 데이터를 활용하는 데 자기 결정권을 갖는 것이라고도 할 수 있다. 즉, 소비자가 은행, 카드, 보험, 통신사 등에 제공하는 '내 정보'를 내가 지정한 특정 사업자에게는 모두 공개하도록 결정할 수 있는 권리다. 마이데이터 가입자 수는 4개월 만에 누적 기준 2400만 명을 넘어섰다.

마이데이터 허가 상황(신용정보협회 자료)

구분	본허가(59개 사)	허가심의(29개 사)	
		예비허가(8개 사)	허가 신청(21개 사)
은행	KB국민은행, NH농협은행, SC제일은행, 광주은행, 대구은행, 신한은행, 우리은행, 중소기업은행, 전북은행, 하나은행 (10개 사)	카카오뱅크 (1개 사)	–
여전	BC카드, KB국민카드, 신한카드, 우리카드, 하나카드, 현대카드, 현대캐피탈, KB캐피탈, 롯데카드 (9개 사)	–	–
금융 투자	미래에셋대우, 하나금융투자, 한국투자증권, 키움증권, KB증권, NH투자증권, 현대차증권 (7개 사)	교보증권, 신한금융투자, (2개 사)	하이투자증권, 대신증권, 한화투자증권 (3개 사)
상호 금융	NH농협중앙회 (1개 사)	–	–
보험	교보생명, KB손해보험 (2개 사)	신한생명, 미래에셋생명 (2개 사)	메리츠화재, 흥국화재해상보험 (2개 사)
저축 은행 등	웰컴저축은행, 동양저축은행 (2개 사)	–	–

핀테크	한국신용데이터, 네이버 파이낸셜, ㈜핀테크, 카카오페이, 토스, 핀크, NHN페이코, SK플래닛, 민앤지, 뱅크샐러드, 뱅큐, 보맵, 쿠콘, 팀윙크, 핀다, 깃플, 해빗팩토리, 아이지넷, 디셈버앤컴퍼니자산운용, 유비벨록스, 애프앤가이드, 코드에프, HN핀코어 (23개 사)	기웅정보통신 (1개 사)	오라인포, 웰스가이드, 인공지능연구원(AIRI), 코나아이 차이코퍼레이션, 패스트포워드, 다날, 더즌, 비트나인, 타인에이아이, 하이픈코퍼레이션, 왓섭 (12개 사)
CB	KCB*, 나이스평가정보* (2개 사)	–	SCI평가정보 (1개 사)
기타	LG CNS, SK텔레콤, 11번가 (3개 사)	피플펀드컴퍼니, KT (2개 사)	KT, LGU+ (2개 사)

마이데이터 사업 본허가를 받는 회사는 총 59개 사다. 예비허가를 받은 8개 사와 허가 신청한 회사 21개 사를 더하면 총 88개 사가 마이데이터 서비스를 제공할 예정이다. 마이데이터 사업이 가장 먼저 활성화된 산업군은 금융권이다. 은행업계에서는 KB국민, 신한, 하나, 우리 등 4대 시중은행이 적극적으로 마이데이터 사업에 뛰어들었다.

마이데이터 사업을 이끄는 것은 금융 회사 혹은 금융과 관련된 서비스를 모태로 하는 핀테크 기업들이다. 현재까지 마이데이터 사업은 금융권 데이터 활용에 국한돼 있다. 마이데이터 사업은 산업군별로 다양하게 적용되나, 1차적으로 데이터 정리가 잘되어 있는 금융업부터 시행됐다. 금융에서 시작된 마이데이터 서비스는 개인의 금융 정보를 통합 및 관리해 개인에게 필요한 서비스를 제공한다. 검색, 쇼핑, SNS 등 플랫폼에서 이뤄지는 활동에서 형성되는 데이터는 모두 기업의 소중한 자원이다. 이런 데이터가 많이 쌓일수록 그 기업은 경쟁력을 갖추게 된다. 기업의 활발한 마이데이터 사업은 개인에게도 이익을 가져다준다.

마이데이터 사업은 금융 시장의 변화를 가속화시킬 촉매가 될 것으로 기대된다. 통신, 생활 등 전 산업 분야에 걸쳐 마이데이터 사업이 확산될 전망이다. 당장 비금융사이면서 핀테크 기업이라 보기 힘든 SK텔레콤과 11번가가 금융위원회로부터 마이데이터 사업 본허가를 받았다. 비금융사 역시 금융 정보를 활용하면 새로운 먹거리를 확보할 수 있는 데다 제공되는 데이터 범주가 넓어질 때 선제적인 경쟁력을 확보하기 위한 차원으로 풀이된다. SKT는 2022년 1월 마이데이터 예비허가를 획득하고 바로 본허가를 신청했으며, 지난 3월 정기 주주총회에서 마이데이터 관련 사업을 신규 사업 목적에 추가한 바 있다. KT의 경우, 아직 인가는 받지 않았으나 마이데이터 사업을 신청한 상황이며, 주주총회에서 SK텔레콤과 마찬가지로 마이데이터 사업을 정관 목적에 추가한 바 있다. 사실 통신사는 이미 결제 시장에 대한 이해를 충분히 갖추고 있다. 소액 결제 서비스를 제공해왔기 때문이다. 이 같은 정보를 활용하면 통신사도 새로운 먹거리를 확보할 수 있기 때문에 금융 정보에 국한돼 있음에도 불구하고 마이데이터 사업에 진출하려는 것이다.

마이데이터 사업은 금융과 비금융 데이터를 융합해 다양한 맞춤형 서비스와 상품을 제공할 수 있으므로 관련 사업 분야의 선점을 노리는 금융업계를 중심으로 핀테크, 빅테크, 이동통신사 등이 뛰어들면서 '마이데이터 춘추전국시대'를 예고하고 있다. 마이데이터 사업이 시작되면서 입출금 내역, 카드 거래 명세, 보험 계약 정보, 증권사 입출금 내역, 상품 구매 내역, 통신료 납부 내역 등을 바탕으로 다양한 소비 패턴과 위험 성향 등에 대한 종합적인 분석을 바탕으로 정교한 개인 맞춤형 상품과 서비스를 개발하는 등 업계의 움직임이 분주하다.

사실 마이데이터 서비스는 '오픈뱅킹'의 확대 버전이라고 볼 수 있다. 하나의 앱에서 다른 은행의 계좌 정보뿐만 아니라 보험, 카드사는 물론 빅테크와 통신사에 흩어져 있는 금융 관련 정보를 모을 수 있기 때문이다. 대표적인 기능이 '로보어드바이저(robo-advisor, 로봇robot과 투자전문가advisor의 합성어로, 고도화된 알고리즘과 빅데이터를 바탕으로 포트폴리오 관리를 수행하는 온라인 자산 관리 서비스)다. 은행 지점을 방문하거나 전화 통화를 통해서만 가능했던 자산 컨설팅을 스마트폰을 통해 인공지능이 어디서든 제공한다. 데이터만 주어지면 소비자의 재무 환경을 분석해 보다 높은 수익을 손쉽게 가져갈 수 있도록 돕는 것이다. 금융 소비자의 자산관리 진입 장벽과 위험 부담은 줄어들고, 보다 합리적인 투자는 쉬워지는 자산관리의 민주화가 실현되고 있다.

금융권이 마이데이터 사업에 주목하는 것은 사업의 확장성이 무한하기 때문이다. 은행은 마이데이터 사업을 통해 폭넓은 고객 확보가 가능할 것으로 기대한다. 일상에서의 소비 데이터 등 비금융 정보까지 반영하는 신용평가 시스템이 개발되면 주부나 사회초년생 등 '신 파일러(금융 이력 부족자)'도 신용도를 평가받고 대출받을 수 있게 될 것이다. 카드사는 마이데이터를 종합 지급 결제업에 진출하는 데 활용할 수 있다. 보험사 역시 고객에게 가장 합리적인 상품을 추천할 수 있게 될 것이다. 금융, 포털, 통신, 이커머스, 핀테크 스타트업 등 다양한 회사들이 마이데이터 시대를 앞두고 저마다 계산기를 두드리고 있다.

물론, 마이데이터 역시 사고의 위험에서 자유로운 것은 아니다. 2021년 12월 하나은행의 마이데이터 서비스인 '하나 합'에서 고객의 카드 사용 내역과 투자 정보, 대출 내역, 입출금 내역, 전화번호 등 개인정보가 불특정 다수에게 노출되기도 했다. 네이버 파이낸셜의 마이데이터 서비스에서도 100여 명의 고객 정보가 유출되는 사고가 있었다. 챗봇 '이루다' 서비스는 이용자의 명시적인 동의 없이 개인정보를 수집하고 이를 딥러닝 모델 학습의 데이터로 사용해서 논란이 됐다. 개인의 사적 데이터를 다루는 여러 서비스와 기술에서의 프라이버시 침해로 인해 안전에 대한 욕구가 더욱 커지고 있다.

그럼에도 불구하고 마이데이터에 주목해야 하는 이유는 금융 데이터에서 계속 그 범주를 넓히고 있기 때문이다. 정부는 금융 정보를 시작으로 공공, 의료, 통신 등으로 오가는 정보의 범위를 확대할 계획이다.

마이데이터 관련 인재상은 사업 분야의 특성상 관련 분야에 대해 충분한 관심과 통찰력, 꼼꼼함과 끈기 있는 자세를 보여줘야 한다. 마이데이터 사업이 흩어져 있는 고객의 신용정보와 관련된 데이터를 한눈에 확인하고 관리하도록 돕는 서비스인 만큼 사용자 중심의 사용자 환경(UI · UX) 개선을 위한 적극적이고 주도적인 사고력도 필요하다.

불안은 안전 욕구를 부추긴다

2023년 채용 트렌드와 관련, 가파른 상승세를 보이는 부문이 있다. 안전 전문가가 '귀한 몸'으로 대접받고 있다. 기업의 안전 책임자는 이제 선택이 아니라 필수가 됐다. 안전은 단지 조심한다고 지켜지는 것이 아니다. 회사 내 최소한의 책임자가 있고, 담당자가 있어야 한다.

삼성물산 건설 부문은 2022년 최우선 경영 목표를 안전에 두고, 독립적인 인사 · 예산 · 평가 권한을 가진 '최고안전보건책임자(CSO: Chief Safety Officer)'를 신규 선임했다. CSO는 부사장급으로 안전 · 보건 업무를 총괄한다. 이밖에 안전 연구소를 신설하는 등 안전 보건 담당 조직을 대폭 확대했다. 코로나로 불확실한 일이 많아지는 상황에서 중요성을 더해가는 안전관리 부문의 가치를 반영하고, 대응이 미흡할 경우의 리스크를 줄이기 위한 과정이다. 한화건설, 에쓰오일, 쌍용C&E 등도 CSO 직책을 신설하고 조직을 확대 개편했다. 심지어 강원도도 '도민안전총괄관'을 신설, 가동 중이다.

안전 전문가는 아이들의 등굣길만 지키는 게 아니다. 디지털 보안부터 사회적 안전망까지 안전이 중요한 시대다. '세이프티 프로페셔널(Safty Professional)'이란 고도의 안전관리 전문 기술을 넘어서 심리적 변화에까지 대응할 수 있는 변화의 주체가 되어야 한다. 나아가 안전 전문가는 위험 환경을 해소해서 불안을 최소화하는 데 목적을 둔다.

미국안전전문가협회(ASSP: American Society of Safety Professionals)는 무려 100년이 넘는 오랜 역사와 전 세계 수만 명 회원으로 유명한 글로벌 안전 기관이다. 1911년 3월 25일 뉴욕 맨해튼의 트라이 앵글 셔츠웨이스트 공장에서 발생한 화재 참사를 계기로 설립됐다. 당시 이 사고로 146명의 근로자가 목숨을 잃었는데, 이들 중 대부분이 10~20대 어린 여공으로 드러나 미국 사회를 큰 충격에 빠뜨렸다. 이 엄청난 피해의 기저에 허술한 안전관리가 있었다는 사실이 밝혀지면서 미국인들은 더욱 분노했다. 이후 이러한 비극이 다시는 발생해서는 안 된다는 데 공감한 안전 기술자들이 힘을 모아 세운 것이 ASSP로, 안전 분야 국제 표준 및 규격 개발과 관련해 국제적으로 막강한 영향력을 행사하는 세계적인 기관으로 인정받고 있다. 규모가 작든 크든 상관없이 안전에 대한 비용 투자는 필수가 되었다. 작은 이익에 정신이 팔려 그것을 얻으려다가 오히려 큰 것을 잃게 되는 '소탐대실(小貪大失)'에 주의해야 한다.

코로나 여파로 산업계 곳곳에서 불안 요소를 최소화하려는 '세이프티(Safety)' 열풍이 거세게 일면서 채용 트렌드도 바뀌고 있다. 2022년 1월 27일부터 정부는 '중대 재해 처벌 등에 관한 법률 시행령' 제정안을 시행했다. 중대재해처벌법은 기업의 안전보건관리 체제 구축으로 산업재해를 감소시키고 동시에 근로자 사망 사고 등 중대 재해가 발생했을 때 산업재해 예방 의무를 다하지 않은 경영 책임자를 처벌하기 위해 제정된 법이다. 이에 따라 안전보건 교육 이수 의무를 다하지 않는 법인 또는 기관의 경영 책임자 등은 최대 5000만 원 이하의 과태료를 물게 된다.

정부의 안전 정책이 강화되고 있는 가운데, 기업 내 안전 전문가의 활용폭 또한 크게 확대되고 있다. 최근 현대건설은 경력사원 채용 과정에서 유관 경력 3~10년 정도의 '안전 관련 자격 보유자 우대'를 명시했고, 한진중공업도 경력 사원을 모집하면서 5년 이상 '건설 현장 안전관리 경력자 우대'라고 못을 박았다. 몇 년 전부터 채용 공고에 명시하지 않더라도 건축·토목 현장 기술자를 채용할 때는 안전 관련 자격증 보유자를 우대하는 분위기다. 이런 요소가 채용 공고에 명시되는 것은 안전 전문가에 대한 트렌드가 바뀌고 있다는 것을 보여준다.

건설 현장에서 통용되는 안전 관련 자격증은 '산업안전기사'와 '건설안전기사'가 대표적이다. 건설안전기사는 건설업 안전관리자로만 선임 가능하지만 산업안전기사는 모든 산업군의 안전관리자로 선임 가능하다. 단, 전기업종은 전기기사 또는 전기산업기사를 안전관리자로 뽑는다. 4년제 대학교를 나온 관련 전공자라면 현장 경력이 없어도 응시 가능해 취득하는 게 상대적으로 수월한 자격증으로 분류된다. 그러나 건축·토목공학을 전공한 기술자들은 전공 관련 기사 자격증을 취득하고 건설업계로 진출하는 경우가 일반적이기에 안전 관련 자격증을 보유하지 않은 경우가 많다. 정부가 '2022년까지 산재 사망 절반 감축'을 목표로 산업 현장 안전관리자들의 정규직화를 경영계에 요구하기 시작하면서 업계는 안전 자격증 보유자 채용에 발 빠르게 나서고 있다.

불안은 안전 욕구를 부추긴다. 코로나로 불안의 경험이 우리를 휩싸면서 우울을 일컫는 '코로나 블루(Corona Blue)', 장기화로 인한 분노를 일컫는 '코로나 레드(Corona Red)', 더욱더 깊은 절망을 일컫는 '코로나 블랙(Corona Black)' 같은 신조어가 등장하고 있다. '위드

코로나(With Corona)'가 시작되면서 불안을 해결하고자 마스크를 쓰면서 우리의 '안전 욕구(Safety Needs)'는 더욱더 강화되고 있다. 이는 신체적인 위험에 대한 공포로부터 벗어나려는 욕망에 다름 아니다. 사회, 문화, 의식주, 산업 전반의 중요 코드로 '세이프티 퍼스트(Safety First)'가 뜨고 있다. 이제 '안전제일'은 단순히 공사판에서만 쓰는 단어가 아니다. 팬데믹으로 '세이프티 퍼스트'는 채용 트렌드의 중심으로 자리 잡았다.

원래 인간의 마음은 과거를 불신하고, 현재는 불만스러워하고, 미래는 더욱 불안해하게 마련이다. 불안한 시대일수록 안전을 추구하고, 불만이 고조된 시대일수록 만족을 추구하고, 불신의 시대일수록 신뢰하는 사람간의 믿음 벨트가 강화된다. 일과 삶의 '세이프티 퍼스트' 시대에 보이는 위험은 피하고, 보이지 않는 기회를 잘 잡아야 한다. 세이프티 퍼스트는 전방위로 확산될 전망이다.

나무가 아닌 숲을 보는 시각이 필요하다

디지털 역량은 단순히 금융업에만 필요한 것이 아니다. 기계, 조선, 전자, 섬유, 철강, 반도체, 자동차, 디스플레이, 건설, 금융 및 보험 등 다른 업종들도 디지털 기술로의 전환이 빠르게 이뤄지고 있다. 자신이 속해 있는 업종은 잘 알아도 다른 업종에 대해서는 잘 모르는 경우가 많다. 필자가 여러 업종의 기업 관계자를 만나면서 깨달은 것은 넓게 봐야 깊이 볼 수 있다는 것이다. 자신의 분야가 아니라고, 자신의 업종이 아니라고 간과해서는 결코 변화하는 채용 트렌드를 알기 힘들다. 과거의 업무 성격에서 벗어나 기업의 미래를 좌우하는 전략적 수단을 갖춰야 한다. 디지털 기술 도입, 직원 경험 강화, 인력 재배치 등을 통해 채용 프로세스 혁신을 해야 하는 시점이다.

기업은 채용에서 퇴직까지 구직자에게 어떤 가치를 제안할 것인가 고민해야 한다. 차별화된 채용 브랜딩 전략이 필요하다. 구직자는 업종별 채용 트렌드 전략을 파악하고 실제 기업에서 적응하기 위한 사전 준비 작업을 철저히 해야 한다.

2023년 기업의 채용 트렌드는 여러 업종이 통합되는 것이 특징이다. 이에 따라 산업 동향, 기업 정보, 직무별 수행 능력에 대한 이해도를 높여야 한다. 이런 변화가 나타난 이유는 업을 둘러싼 환경 요인들이 변했기 때문이다. 따라서 우리는 어떠한 환경 요인들이 업에 직간접적으로 영향을 미치는지 알아야 한다. 경제 환경, 기술, 소비, 니즈, 산업 구조, 정부 정책 등이 이 같은 변화를 견인하고 있다. 자신이 지원하는 회사가 어떤 사업을 하는지 잘 파악해야 한다.

한편, 2022년 업종별 채용은 더욱더 양극화된 것으로 나타났다. 인크루트가 기업 569곳의 인사 담당자를 대상으로 2022년 하반기 신입 직원 업종별 채용 계획을 조사한 결과 2021년 조사 당시 신입 직원 채용 계획이 미미했던 업종이 호전된 모습을 보였다. 2022년 하반기에 신입 채용 계획이 가장 많이 활발해진 업종은 '문화 · 콘텐츠(68.6%)'로 41.3%포인트나 상승했다. 코로나 기저 효과와 더불어 국내 디지털 콘텐츠 시장의 급성장, 투자 유치 활성화 등이 신입 채용 계획에 긍정적인 영향을 미친 것으로 보인다. 다음은 '자동차 · 부품(66.7%)'으로 작년 대비 35.9%포인트 올랐다. 해당 업종의 신입 채용 계획이 급격하게 늘어난 이유로는 올해 상반기 자동차·부품의 매출 실적 호조와 함께 전기차 생산을 확대하기로 결정한 이후 제조 기술 변화와 전동화에 따른 신규 전문 인력 확충이 반영된 것으로 분석된다.

이어서 '의류·신발·제조'(71.8%), '식음료'(78.8%), '여행·숙박·항공'(46.2%)도 작년 대비 각각 31.8%포인트, 28.8%포인트, 26.2%포인트 상승하는 모습을 보였다. 사회적 거리두기가 완화되면서 사람들의 외출이 늘어나고 관련 매출과 실적이 좋아지면서 신규 채용 계획 또한 늘어난 것으로 분석된다. 이밖에 '에너지·전기·가스'(65.0%, 작년 대비 15.0%포인트 상승), '기계·금속·조선·중공업'(68.9%, 작년 대비 12.5%포인트 상승), '운수·운송'(78.9%, 작년 대비 12.2%포인트 상승), '건설·토목·부동산·임대업'(64.5%, 작년 대비 12.0%포인트 상승), '예술·스포츠'(70.6%, 작년 대비 10.6%포인트 상승), '정유·화학·섬유'(69.4%, 작년 대비 7.5%포인트 상승), 'IT·게임'(81.7%, 작년 대비 4.6%포인트 상승), '전자·반도체'(76.8%, 작년 대비 3.6%포인트 상승), '의료·의약·바이오'(65.1%, 작년 대비 2.3%포인트 상승) 업종도 채용 계획이 늘어났다. 반면, 유통·물류업종의 2022년 하반기 채용 계획은 57.6%로 작년 대비 5.3%포인트 떨어졌고, 금융·보험의 하반기 채용 계획은 50.0%로 작년 대비 7.7%포인트 하락했다. 2022년 하반기 채용 계획이 가장 많이 떨어진 업종은 교육·강의(61.9%)로 작년 대비 12.1%포인트 하락했다.

최근 여러 산업 분야가 디지털 혁신으로 빠르게 재편되고 있다. 재편의 핵심은 산업의 디지털 전환이다. 핀테크, 프롭테크 등 과거에 오프라인 위주였던 산업에서 디지털화가 빠르게 이루어지고 있어 향후 IT · 인공지능 관련 업종의 인력 수요가 더 집중될 것으로 보인다. 고용정보원의 〈2022년 하반기 주요 업종 일자리 전망〉에 따르면, 전년 동기 대비 기계 · 전자 · 철강 · 반도체업종 일자리는 증가하고 금융 · 보험업종 일자리는 감소할 것으로 예상된다. 조선 · 섬유 · 자동차 · 디스플레이 · 건설업종은 전년 동기 수준을 유지할 것으로 전망된다. 2023년 업종별 일자리 전망은 희비가 갈릴 것으로 보인다. 하지만 2022년보다는 전반적으로 증가세를 보일 가능성이 크다.

필자가 취업준비생들에게 강조하는 말이 있다. '잘나가는 회사'를 고르는 것보다 더 중요한 것은 '잘나가는 업종'을 선택하는 것이다. 업종에 대한 분석을 철저히 해야 한다. 단순히 회사 분석만 했다가 취업에 실패하는 경우가 많다. 업종별 채용 트렌드를 분석한 사람은 좋은 결과를 얻을 수 있을 것이다.

02 주요 업종별 채용 전망

1) 전자업종 트렌드

(단위: 천 명, %)

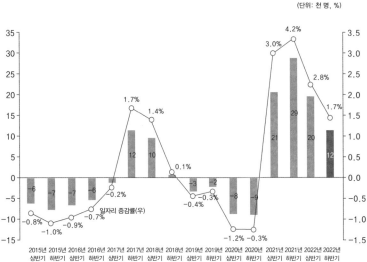

전자업종 일자리 증감 추이

2022년 전자업종은 전 세계적인 경기 둔화, 러시아-우크라이나 전쟁의 장기화, 공급망 불안정 등의 영향에도 수출 단가가 상승하면서 성장세를 이어갈 것으로 예상된다. 스마트폰 시장은 러시아-우크라이나 전쟁, 중국 주요 도시 봉쇄 여파 등으로 부진이 예상된다. TV는 전년 대비 수요가 줄어들 것으로 예측되나, 국내의 경우 프리미엄 제품이 하반기 TV 시장을 주도할 것으로 전망된다. PC 시장 역시 전년 대비 수요가 감소할 것으로 예상되나 코로나 확산 이전과 비교해 높은 출하량이 지속될 것으로 보인다. 전 세계적인 경기 둔화에 대한 우려가 확대되고, 대외 여건의 불확실성이 심화되는 가운데도 전자업종은 수출 단가 상승, 디지털 전환 가속화 등의 영향으로 고용이 증가할 것으로 전망된다. 2022년 하반기 고용 규모는 전년 동기 대비 1.7%(1만 2000명) 증가할 것으로 예상된다.

코드커팅, TV의 시대는 갔다

'코드커팅(Cord-cutting)'이란 '선을 끊는다'는 의미로 기존 TV, 케이블 방송 등 유선 방송을 끊고 태블릿PC, 온라인 스트리밍 서비스 등 새로운 플랫폼으로 이동하는 현상을 말한다. TV의 종말이 현실화되고 있다. MZ세대는 스마트폰이나 태블릿으로 OTT를 즐겨 본다. OTT는 '오버더톱(Over-The-Top)'의 줄임말로, 인터넷을 통해 방송 프로그램·영화·교육 등 각종 미디어 콘텐츠를 제공하는 서비스를 말한다. 넷플릭스 공동창업자 겸 CEO 리드 헤이스팅스는 2022년 2분기 실적 발표 후 컨퍼런스콜을 통해 "스트리밍 플랫폼으로 이용자가 쏟아져 들어오고 있다"며 "빠르면 5년 혹은 10년 안에 전통적인 TV의 시대는 끝날 것이 분명하다"고 강조했다.

LG전자는 2022년 2분기 매출 19조 4640억 원, 영업이익 7922억 원을 기록했다. LG전자의 반기 매출이 40조 원을 넘어선 것은 이번이 처음이다. 전년 동기와 비교하면 매출은 15% 증가했고, 영업이익은 12% 감소했다. 지난 1분기를 더한 상반기 매출, 영업이익은 반기 기준 역대 최대 수준이다. 그러나 한때 '캐시카우'였던 TV 사업에서는 100억 원이 넘는 영업손실을 봤다. LG전자 TV

사업이 영업손실을 본 것은 2015년 2분기(827억 원 손실) 이후 28분기 만이다.

전 세계적으로 TV 판매 수요가 줄어드는 와중에 경쟁이 심화되면서 마케팅 비용이 급증한 영향으로 보인다. 전자업종에 커지는 시장의 불확실성에 대응하려면 수익성을 끌어올리는 게 시급하다는 의견이 많다. 또한 지정학적 리스크, 인플레이션, 소비심리 둔화 등 복합 악재가 장기화될 전망이다.

2) 금융 및 보험업종 트렌드

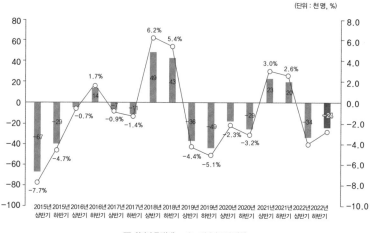

금융 및 보험업종 일자리 증감 추이

2022년 은행 산업은 상반기 금리 인상과 함께 순이자 마진이 개선되면서 이자 이익이 증가했다. 2022년 하반기에도 예대 금리차 확대로 순이익 증가세를 이어갈 것으로 예상된다. 다만 금리 상승, 코로나 관련 금융 지원으로 인한 부실여신 증가 위험이 있으며, 기준금리 인상에 따른 대출 금리 인상은 가계 대출 증가세를 약화시킬 것으로 보인다. 금리 상승은 보험 산업의 수익성 개선에 긍정적인 영향을 미치겠지만 주가 하락과 자동차 보험 손해율 및 실손보험 손해율 상승은 단기적으로 생명보험 산업과 손해보험 산업의 수익에 부정적인 영향을 미칠 것으로 예상된다.

한편 은행 거래에서 비대면 거래가 차지하는 비중이 빠르게 증가하고 있다. 입출금 거래에서 비대면 거래(CD·ATM, 텔레뱅킹, 인터넷뱅킹)가 차지하는 비중(건수 기준)은 2021년 6월 말 93.9%까지 늘어났다. 이로 인해 은행 점포 폐쇄가 가속화되고 있다. 2020년 10월부터 2021년 9월 말까지 1년 동안 폐쇄된 국내 은행 점포 수는 275개로 나타났다. 같은 기간 임직원 수도 2305명 줄었다. 대규모 명예퇴직 등 구조 변화가 이어지면서 일시적으로 판관비가 증가할 것으로 예상되지만, 이자 이익 증대분으로 대부분 감당할 수 있을 것으로 보인다. 금리가 상승하면서 유가증권 관련 이익은 감소할 것으로 예상된다.

2022년 국내 은행의 자산 성장세는 둔화될 것으로 전망되지만, 시중금리 상승에 힘입어 자금 여력과 수익성은 다소 개선될 것으로 보인다. 대손 비용은 상승할 가능성이 높지만, 금리 인상과 코로나 금융 지원 조치의 정상화 속도에 따라 크게 변동될 것으로 보인다.

금융 및 보험업종은 수익성 개선에도 전 세계적인 경기 침체 우려, 부실여신 증가 위험 등 대내외 금융 시장 환경의 불확실성 확대로 고용이 감소할 것으로 전망된다. 2022년 하반기 고용 규모는 전년 동기 대비 3.0%(2만 4000명) 감소할 것으로 예상한다.

#슈퍼앱

'슈퍼앱(SuperApp)'이란 별도의 다른 앱을 설치하지 않아도 하나의 앱 안에서 수많은 서비스를 이용할 수 있는 앱을 의미한다. 은행 송금부터 결제, 주식 거래, 중고 물품 판매에서 취미, 인력 채용까지 여러 가지 일을 하나의 앱에서 처리할 수 있다. 금융 분야의 슈퍼앱으로는 비바리퍼블리카가 운영하는 토스가 대표적이다. 카카오에 이어 삼성그룹 금융 계열사까지 통합 앱 전략으로 영토 확장에 나서자 KB·신한 등 전통 금융사들도 맞불 작전으로 빅테크와의 경쟁에 승부수를 띄우고 있다.

3) 반도체업종 트렌드

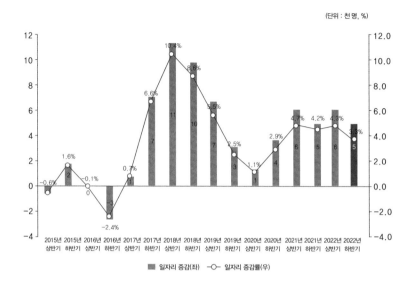

(단위 : 천 명, %)

반도체업종 일자리 증감 추이

　　국내 반도체업종은 2020년 하반기부터 24개월 연속 수출 증가를 달성하는 등 지속적인 성장세를 유지할 것으로 전망된다. 다만 전 세계적인 경기 둔화 우려로 인한 소비자용 IT 수요 약세가 연말까지 이어지면서 상반기 대비 하반기 수출 증가폭은 줄어들 것으로 예상된다. 2022년에도 역시 반도체 공급 부족이 계속되면서 반도체 설비에 대한 투자는 지속될 것으로 전망된다. 수출 증가세가 지속되고 설비투자가 확대되면서 반도체업종 고용은 전년 동기 대비 증가할 것으로 보인다. 2022년 하반기 고용 규모는 전년 동기 대비 3.3%(5000명) 증가할 것으로 예상한다.

#DDR5, 초격차 캐시카우를 기대한다

삼성전자의 반도체 부문 매출은 2022년 2분기 처음으로 28조 원을 돌파했다. 덕분에 삼성전자는 2분기 역대 두 번째로 많은 매출(77조 2000억 원)과 영업이익(14조 1000억 원)을 기록했다. 전년 동기 대비 매출은 21.3%, 영업이익은 12.2% 증가했다. 2분기만 놓고 보면 역대 최대 수준이다. 하지만 반도체를 제외한 스마트폰, TV, 가전에선 어느 하나 제대로 성과를 내지 못했다. 전 세계적인 경기 침체와 공급망 위축 속에서 선방했다는 평가도 있다. 하지만 하반기에는 반도체 시장마저 위태로워 실적 유지가 쉽지 않을 것이란 전망이 나오고 있다.

이와 관련, 시장조사업체 가트너(Gartner)는 2022년 세계 반도체 매출 성장률을 7.4%로 하향 조정했다. 전분기에 발표한 전망치 13.6%에서 6.2%포인트 낮아진 것이다. 가트너는 2023년 반도체 매출은 2022년보다 감소할 것으로 전망했다. 러시아-우크라이나 전쟁과 중국 도시 봉쇄 조치의 장기화 등 주요 악재가 영향을 미친 것으로 보인다. 요즘에도 부품 공급 문제가 지속되고, 생산 설비의 입고 지연이 이어지고 있다는 설명이다. 구조적으로 생산에 제약이 있기 때문에 2023년 D램 생산량은 업계 성장이라는 관점에선 상당히 낮은 수준이 될 것으로 보인다.

글로벌 메모리 반도체 시장에 한파가 몰아치고 있는 가운데, 삼성과 SK는 차세대 D램 규격인 'DDR5 D램'으로 돌파구를 준비 중이다. 'DDR5'는 DDR(Double Data Rate)의 약자로, D램 규격을 뜻한다. 뒤에 붙는 숫자가 높을수록 반도체 성능이 개선됐다는 뜻이다.

기존 DRAM인 DDR4 대비 DRAM의 속도와 전력 소모, 그리고 신뢰성을 개선시킨 DRAM 반도체다. 인텔, AMD 등 글로벌 업체의 차세대 서버용 중앙처리장치(CPU)에 고부가가치제품인 DDR5를 납품하면 '초격차' 캐시카우로 자리 매김할 전망이다.

4) 디스플레이업종 트렌드

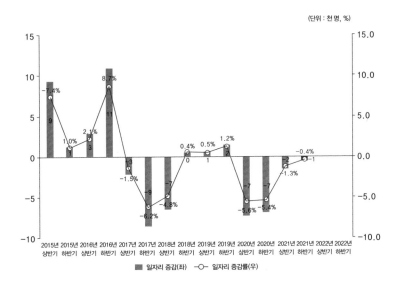

디스플레이업종 일자리 증감 추이

국내 디스플레이 시장은 액정표시장치(LCD:Liquid Crystal Display) 생산 축소에도 불구하고 고부가가치 유기발광다이오드(OLED: Organic Light Emitting Diodes) 수요 증가 및 퀀텀닷(QD: Quantum Dot) 디스플레이 생산 등에 힘입어 2022년 수출이 전년 대비 0.5% 증가할 것으로 전망된다. 특히 OLED의 경우, 모바일과 TV 중심에서 각종 IT 제품으로 수요처가 확대됨에 따라 전년 대비 16.1% 수출이 증가할 것으로 예상된다. 그러나 LCD의 경우, 국내 생산 축소 및 가격 하락 등으로 전년 대비 32.5% 수출이 감소할 보인다. 국내 LCD 생산이 축소됐음에도 불구하고 고부가가치 제품의 생산, 수출이 증가함에 따라 디스플레이업종 고용은 전년 동기와 비슷한 수준을 유지할 것으로 전망된다. 2022년 하반기 고용 규모는 전년 동기 대비 0.6%(1000명) 증가할 것으로 예상된다.

#LED를 뛰어넘어 이제는 OLED 시대

OLED는 전류가 흐르면 스스로 빛을 내는 유기물질을 이용한 '자발광형 디스플레이'를 말한다. 글로벌 시장조사업체 옴디아(Omdia)에 따르면 LG디스플레이의 지난해 4분기 TV용 디스플레이 점유율(매출 기준)은 23.8%로, 중국 디스플레이업체 BOE(20.6%)를 제치고 1년 만에 다시 1위를 차지했다. 시장조사업체 디스플레이서플라이체인컨설턴트(DSCC)에 따르면 올해 2분기 전 세계 OLED 패널 매출은 전년 대비 12% 증가했다. 모니터와 태블릿, 자동차용 OLED 수요가 급증하면서 전체 매출을 끌어올린 것이다.

삼성디스플레이와 LG디스플레이는 OLED로의 전환에 속도를 내고 있다. 삼성디스플레이는 2022년 6월 LCD 생산을 완전히 중단했고, LG디스플레이는 내년을 목표로 경기 파주에 있는 TV용 LCD 생산라인 P7 철수를 진행하고 있다. 2023년 상반기 내 TV용 LCD의 국내 생산은 전면 중단될 것으로 보인다. 중국과 국내 업체의 기술 격차는 여전히 2~3년 이상 벌어져 있지만 안심할 수는 없다. 시장조사업체 옴디아는 2022년 삼성전자, LG전자, 델(Dell), 에이수스(ASUS), 에이서(Acer) 등 글로벌 모니터 업체 9곳이 OLED 모니터 신제품 12~13종을 출시하면서 모니터용 OLED 매출이 전년보다 200% 이상 늘어날 것으로 예상했다. 점차 LCD는 사라지고 OLED 시장은 지속적으로 성장할 것으로 전망된다.

5) 자동차업종 트렌드

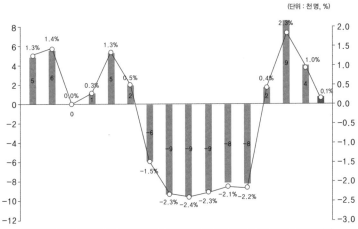

(단위 : 천 명, %)

2015년 상반기 2015년 하반기 2016년 상반기 2016년 하반기 2017년 상반기 2017년 하반기 2018년 상반기 2018년 하반기 2019년 상반기 2019년 하반기 2020년 상반기 2020년 하반기 2021년 상반기 2021년 하반기 2022년 상반기 2022년 하반기

■ 일자리 증감(좌) ─○─ 일자리 증감률(우)

자동차업종 일자리 증감 추이

2022년도 자동차업종은 친환경차 수출 및 판매 호조가 지속될 전망이지만, 전 세계적인 경기 위축에 따른 자동차 수요 감소와 글로벌 공급망 불안이 이어질 것이라는 우려도 존재한다. 그러나 그간 출고 지연으로 발생한 이연 물량과 견조한 친환경차 수요로 인해 내수는 전년 동기 대비 소폭 증가하거나 비슷할 것으로 전망된다. 수출은 국내 브랜드의 해외 판매 호조로 증가할 것으로 예상되지만, 주요 수출국의 경기 침체 우려, 전 세계 자동차 시장의 수요 위축 등 위험 요소도 여전히 존재한다. 자동차 생산은 전년 기저 효과와 반도체 수급난의 점진적 완화 가능성 등으로 증가할 것으로 예상되지만, 코로나 재확산 추세와 불안정한 부품 수급 상황 등 부정적 요인

이 우려된다. 그 영향으로 국내 자동차업종 고용은 지난해 하반기 수준을 유지할 것으로 전망된다. 2022년 하반기 고용 규모는 전년 동기 대비 0.1%(1000명) 증가할 것으로 예상된다.

#전기차, 지구를 살린다

전기차(BEV: Battery Electric Vehicle) 시장이 급성장하고 있다. 국토교통부가 집계한 바에 따르면 2016년 1만 855대 수준에 불과했던 BEV 누적 등록 대수는 2022년 상반기 29만 8633대를 넘어섰다. 전기차에 대한 관심이 높지 않았던 2016년과 비교하면 2651%나 늘어난 것이다. 전기차 시장이 급성장하면서 국내 완성차뿐 아니라 수입차 브랜드까지 전기차 생산이 확산되는 추세다.

현대차와 기아는 최근의 급격한 원자재 가격 상승과 차량용 반도체 부족 등 악재에도 고가 차량 위주의 판매 증가 등에 힘입어 2010년 새 국제회계기준(IFRS: International Financial Reporting Standards)을 도입한 후 최대 실적을 기록했다. 완성차업체뿐만 아니라 전기차 관련 2차전지 양극재 글로벌 1위 기업인 에코프로비엠도 시장의 실적 전망치를 상회하는 영업이익을 달성하는 등 호실적을 거뒀다. 현대차는 2022년 분기 매출액 35조 9999억 원, 영업이익 2조 9798억 원 등을 달성했다. 전년 동기 대비 각각 18.7%, 58.0% 증가한 실적이다. 해당 기간 판매한 완성차는 전년 동기(103만 1357대) 대비 5.3% 감소한 97만 6350대 정도다. 현대차는 2022년 2분기 글로벌 차량용 반도체를 비롯한 기타 부품을 수급하는 데 차질이 빚어짐에 따라 차량을 원활히 생산하지 못했다. 다만 제네시스, SUV

등 고부가가치 제품을 중심으로 제품 구성을 개선해 이윤을 늘렸다. 또한 원화 가치가 하락함에 따라 선진국을 중심으로 해외 지역에서 수출 경쟁력을 높인 것도 실적에 긍정적으로 작용했다.

현대차는 전기차 전용 브랜드 '아이오닉'의 두 번째 모델인 '아이오닉 6'를 2022년 3분기 출시해 전기차 부문을 강화할 전망이다. 고부가가치 차종을 중심으로 제품 구성을 개선해 시장점유율을 높이고 수익성을 제고할 계획이다.

전 세계 자동차 시장은 주요 국가들의 환경 규제 강화와 친환경 인프라 투자 증가, 친환경차 선호 확대 등의 영향으로 인해 친환경차 시장의 성장세가 이어질 것으로 전망된다.

6) 기계업종 트렌드

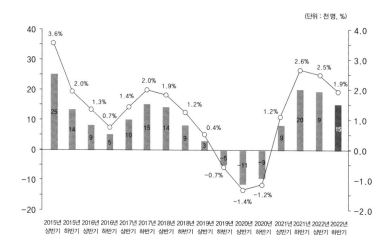

(단위 : 천 명, %)

기계업종 일자리 증감 추이

■ 일자리 증감(좌)　─○─ 일자리 증감률(우)

코로나 확산, 러시아-우크라이나 전쟁 등 대내외 리스크가 있었지만, 미국·유럽의 인프라 구축과 아시아 지역의 제조업 활성화로 기계업종 수출은 증가할 것으로 예상된다. 국내 제조업체들의 설비 투자 확대로 내수 역시 증가세를 보일 것으로 기대되지만, 반도체 수급 불안, 원자재 가격 상승 등 위험 요소가 있어 증가폭은 제한적일 것으로 예측된다. 수출, 내수 증가와 함께 기계업종 고용은 전년 동기 대비 증가할 것으로 전망된다. 2022년 하반기 고용 규모는 전년 동기 대비 1.9%(1만 5000명) 증가할 것으로 보인다.

2022년 기계 산업은 수출 수주 증가로 뚜렷하게 반등할 전망이다. 한국기계연구원은 국내 기계 산업이 2년 연속 성장세를 이어갈 것이라고 전망했다. 2022년 국내 기계 산업 생산액은 108조 원을 기록한 전년 대비 2%대 성장한 110조 원대를 달성할 것으로 예측했다. 지속적인 경기 회복 흐름과 글로벌 공급망 문제의 점진적인 해소, 반도체 등 전방산업의 호조에 따라 수요가 증가할 것을 고려한 전망이다. 기계 산업은 디지털 전환과 탄소 중립, 주거 안정 등 정부 정책이 산업계에 적용되며 성장세를 이어갈지 귀추가 주목된다. 반도체 장비는 강한 성장세를 이어온 만큼 2023년에도 기계 산업의 성장을 견인할 것으로 기대된다.

#스마트팩토리, 똑똑한 공장이 온다

스마트팩토리(Smart Factory)란 전 과정이 사물인터넷 센서와 카메라를 통해 실시간으로 제품을 조립·포장하는 전 공정을 모니터링하고 분석할 수 있는 ICT로 통합한 첨단 지능형 공장을 말한다.

트렌드포스(TrendForce)가 2021년 발표한 보고서에 따르면 2021년 전 세계 스마트팩토리 시장 규모는 3050억 달러(약 375조 원)에 달하고, 향후 5년간 연평균 10.5%의 높은 성장세를 지속해 2025년에 이르면 4500억 달러(약 554조 원) 규모에 달할 것으로 전망된다. 스마트팩토리화는 제조업에서 관리 역량을 극대화하는 방향으로 발전해 기존의 소품종 대량 생산에서 다품종 소량 생산을 넘어 상품 개인화로의 전환을 가능케 할 것으로 기대된다.

7) 조선업종 트렌드

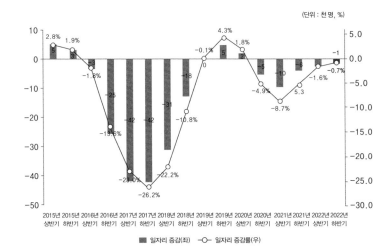

(단위 : 천 명, %)

조선업종 일자리 증감 추이

일자리 증감(좌)　─○─ 일자리 증감률(우)

　컨테이너 운반선 발주 모멘텀 둔화, 원자재 가격 상승, 선가 급등에 따른 선주의 발주 시기 관망세로 2022년 전 세계 선박 발주량은 전년 대비 21.4% 감소할 것으로 예상된다. 다만 공급망 병목 현상에 따른 해운 운임 강세, 러시아-우크라이나 전쟁에 따른 액화천연가스(LNG: Liquefied Natural Gas) 운반선 수요 증가, 환경 규제 강화에 따른 친환경 선박 대체 수요 증가 등의 요인은 국내 조선업에 유리하게 작용할 것으로 보인다. 전년 대비 전 세계 선박 발주량이 감소했음에도 전년도 수주 증가로 국내 생산 여건이 개선되면서 조선업종 고용은 전년 동기와 비슷한 수준을 유지할 것으로 전망된다. 2022년 하반기 고용 규모는 전년 동기 대비 0.7%(1000명) 감소할 것으로 예상된다.

#그린십

'그린십(Green-Ship)'이란 기존 선박에 비해 연비가 좋고 대기 및 해양 오염 물질 배출량을 획기적으로 줄인 친환경 선박을 말한다. 기름을 종전보다 20~30%가량 덜 쓰고도 같은 효과를 내면서 국제 환경 규제를 충족하는 친환경 선박으로, 대표적인 예가 LNG 선박이다. 그 밖에 연료전지, 무탄소 연료, 수소 및 암모니아 연료 선박 등이 있다.

산업통상자원부에 따르면, 국내 조선업계는 2022년 상반기 전 세계 발주량 2153만 표준선환산톤수(CGT: Compensated Gross Tonnage) 중 45.5%(979만CGT)를 수주해 세계 1위를 기록했다. 이로써 우리나라는 2018년 이후 4년 만에 상반기 수주 실적 세계 1위를 탈환했다. 이는 코로나 이연 수요로 선박 발주가 급증한 2021년을 제외하면, 2011년 상반기(1036만CGT) 이후 최고 수주량이다.

선종별로는 우리나라 조선업계가 선도하고 있는 고부가가치 선박의 전 세계 발주량 1114만CGT의 62%에 해당하는 692만 CGT를 국내 조선업계가 수주했다. 특히 카타르 LNG 운반선 건조 계약, 러시아의 우크라이나 침공에 따른 LNG 운반선의 수요 증가 등에 따라 대형 LNG 운반선 발주가 크게 늘어난 가운데, 우리나라는 전 세계 발주량의 71%에 해당하는 63척(544만CGT, 약 139억 달러)을 수주했다. 2021년부터 이어진 해운 운임 강세에 따라 발주 확대가 계속된 대형 컨테이너선도 우리나라가 전 세계 발주량의 43%에 해당하는 26척(148만 CGT, 약 139억 달러)을 수주했다.

발주 비중이 상승 중인 친환경 선박의 경우, 전 세계 발주량의

58%(1372만CGT 중 798만CGT)를 우리나라가 수주했다. 추진 연료별로는 LNG 추진 선박 수주가 115척으로 가장 많았으며, 메탄올 추진 선박(4척), LPG 추진 선박(1척) 순이다. 국내 조선사의 6월 말 기준 수주 잔량은 3508만CGT로 전년 동기(2737만CGT) 대비 28% 증가했으며, 특히 대형 조선 3사(현대중공업, 삼성중공업, 대우조선해양)의 경우, 이미 2025년 혹은 2026년까지 도크 예약이 채워진 상태다.

한편, 전 세계 조선소의 수주 잔량을 기준으로 한 세계 조선소 순위 집계에서 우리나라 조선소는 1~4위를 차지하는 기염을 토했다. 구체적으로 삼성중공업, 현대중공업, 대우조선해양, 현대삼호중공업, 후동중화조선(Hudong-Zhonghua Shipbuilding), 현대미포, 장난조선소(Jiangnan Shipyard) 순이다. 국제해사기구(IMO: International Maritime Organization)의 환경 규제에 따른 친환경 선박 수요 증가, 카타르 LNG 운반선 등을 고려하면 전 세계적인 발주 및 국내 수주 호조는 지속될 것으로 전망된다.

8) 섬유업종 트렌드

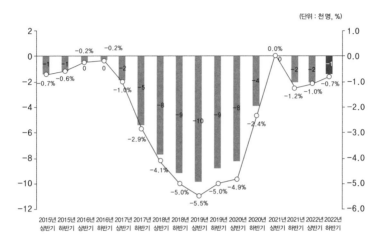

(단위 : 천 명, %)

섬유업종 일자리 증감 추이

2022년 섬유업종은 전 세계적인 섬유 경기 회복, 보복 소비의 영향 등으로 교역 회복과 내수 개선이 이어지고 있으나, 코로나 재확산 우려, 물가 상승, 원자재 가격 급등 등으로 인해 개선폭에 제한이 있을 것으로 보인다. 전 세계적인 경기 침체 우려에 따라 수출 및 내수 증가세는 제한되고, 원자재 가격 급등 등으로 인해 생산 증가세 또한 둔화될 것으로 예상된다. 이에 따라 국내 섬유업종 고용은 전년 동기와 비슷한 수준을 유지할 것으로 전망된다. 2022년 하반기 고용 규모는 전년 동기 대비 0.7%(1000명) 감소할 것으로 전망된다.

섬유패션 70개 상장기업의 2022년 상반기 실적을 살펴보면 매출이 급성장했지만 영업이익은 줄어들었다. 사회적 거리 두기가 해제되면서 소비가 폭발했지만, 원부자재 가격 상승, 공급망 불안 등의 요인으로 회사 수익 지표인 영업이익이 하락한 것이다. 특히 전 세계적인 공급망 위기에 원부자재 가격 상승과 인플레이션, 경기 침체의 장기화로 화섬사의 영업이익이 급감했다. 70개 사의 총매출은 전년 동기 대비 20.9% 급성장했으나 영업이익은 전년 대비 7.4% 줄었다. 영업이익률은 8.2%를 기록했다.

#에코 패션

지속가능한 친환경 착한 옷, 에코 패션(eco fashion)은 친환경 소재를 사용해 의류를 제작하는 등 환경까지 생각한 패션을 의미한다. 최근 ESG 경영으로 파타고니아(Patagonia), 나이키(Nike) 등 내로라하는 글로벌 기업들이 적극적으로 지속가능 패션을 표방하고 나서면서 섬유 산업 역시 친환경으로 변화하고 있다. 산업연구원이 2022년 11월 발간한 〈친환경 · 리사이클 섬유패션산업 육성 전략〉에 따르면 전 세계 재활용 섬유 수요는 2018년 53억 3200만 달러에서 2026년 80억 200만 달러(10조 3700억 원)로 연평균 5.2% 증가할 전망이다.

9) 철강업종 트렌드

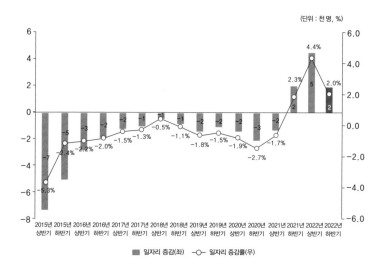

(단위 : 천 명, %)

철강업종 일자리 증감 추이

일자리 증감(좌) 일자리 증감률(우)

2022년 철강업종 생산은 전 세계적인 경기 둔화에 따른 내수 및 수출 축소로 전년 대비 감소할 것으로 예상된다. 내수는 조선업종을 제외한 전방산업의 회복세가 예상보다 느리게 진척되면서 전년 대비 1.1% 감소하고, 수출은 전 세계적으로 경기 회복이 지체되면서 전년 대비 4.3% 감소할 것으로 전망된다. 다만 전 세계적인 경기 둔화에도 국내 철강업종은 중국의 조강 생산 감축과 유럽의 철강 공급 부족 등의 영향으로 지난해 하반기 수준의 호실적을 유지할 것으로 예측된다. 상반기에 이어 하반기에도 전년 동기 대비 고용이 증가할 것으로 예상되나 수출, 생산 성장세 둔화와 함께 증가율은 하락할 것으로 예상된다. 2022년 하반기 고용 규모는 전년 동기 대비

2.0%(2000명) 증가할 것으로 전망된다.

2021년 철강업계는 전 세계적인 수요 증가로 인한 가격 상승, 국내 건설 경제 회복세와 중국 정부의 철강 감산 정책 등의 요인으로 역대급 실적을 기록했다. 포스코홀딩스가 발표한 2022년 2분기 잠정 실적을 살펴보면, 연결 기준 매출액은 23조 원으로 전년 동기 대비 25.7% 증가했지만 영업이익은 2조 1000억 원으로 4.5% 감소했다. 반면 금융정보업체 에프앤가이드가 영업이익을 조사한 바에 따르면 2분기 현대제철은 8141억 원, 동국제강은 2236억 원으로 각각 전년 동기 대비 49.3%, 8.0% 증가할 것으로 예상됐다. 또한 세아제강은 전년 동기 대비 59.9% 늘어난 581억 원을 기록할 것으로 보인다.

하지만 2022년 하반기에는 경기 침체 우려로 인한 전방산업의 수요 둔화와 판매 가격 하락 등이 실적에 악영향을 미칠 것으로 보인다. 최근 원자재 가격 하락으로 철강 가격 인하 압력이 커지고 있다. 한국자원정보서비스에 따르면 철광석 가격은 2021년 11월 톤당 89달러에서 2022년 4월 159달러까지 상승했지만 7월 104달러 수준까지 하락했다. 이에 따라 미국과 EU 등 주요 국가에서 2023년 경제 성장 전망치를 하향 조정했다. 또한 중국의 코로나 확산에 따른 봉쇄 우려가 해소되지 않으면서 수요 감소로 인해 철광석 가격은 급락할 전망이다.

#그린스틸

그린스틸(green steel)은 친환경 공정으로 만들어진 철강 제품을 의미한다. 철강업계의 트렌드를 살펴보면 탈탄소화, ESG 경영 확산, 안전 경영, 산업 안전 정책 등에 대한 요구가 커지는 추세다.

　글로벌 철강업체가 탄소 중립을 위한 그린스틸로 빠르게 전환하자 국내 철강업체들도 발빠르게 움직이고 있다. 포스코는 수소환원제철 기술 개발에 박차를 가해 포스코 고유의 파이넥스 기술을 기반으로 한 '하이렉스(HyREX)' 상용화에 역량을 집중하고 있다. 현대제철도 독자적인 전기로 기반 탄소 중립 생산 체제인 '하이큐브(Hy-Cube)'를 구축하고 수소 기반 생산체제로의 전환을 적극 추진하고 있다.

10) 건설업종 트렌드

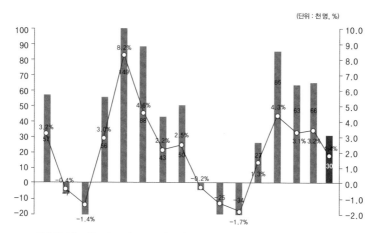

(단위 : 천 명, %)

건설업종 일자리 증감 추이

■ 일자리 증감(좌)　─○─ 일자리 증감률(우)

　　2021년 건설 수주는 공공, 민간 건설 모두 증가하면서 전년 대비 증가세를 보였다. 2022년 상반기에도 건설 수주 증가세가 이어졌으나 하반기 들어 자재 비용 상승, 금융 비용 상승 등의 영향으로 감소세로 돌아설 것으로 예상된다. 건설 투자는 2021년 하반기 수준을 유지할 것으로 보인다. 2022년 상반기에는 토목 투자가 줄어들면서 전년 동기 대비 건설 투자가 감소했지만, 하반기에는 건축 투자가 증가하면서 건설 투자 감소세가 완화될 것으로 전망된다. 자재 비용 상승, 금융 비용 상승으로 건설 수주가 소폭 감소할 것으로 예상되지만, 건설 투자 증가세에 힘입어 건설업종 고용은 전년 동기 수준을 유지할 것으로 예상된다. 2022년 하반기 고용 규모는 전년 동기 대비 1.4%(3만 명) 증가할 것으로 전망된다.

2022년에는 광주 화정동 아파트 신축공사 외벽 붕괴 사고, '중대재해처벌법'의 시행, 러시아-우크라이나 전쟁 등으로 인한 원자재 수급난 및 가격 폭등, 화물연대 총파업 등 건설업 관련 이슈가 많았다. 이런 악재에도 불구하고 건설사들은 선방했다. 2022년 2분기 현대건설 매출액은 5조 5794억 원으로 전년 동기(4조 3835억 원)보다 27.3% 늘었다. 1분기 매출(4조 1453억 원)과 비교하면 34.6% 증가했다. 영업이익은 1754억 원으로, 2021년 2분기(1410억 원)와 비교했을 때 24.4%, 1분기(1715억 원)와 비교했을 때 2.3% 늘었다. 현대건설의 실적이 이처럼 호조를 나타낸 것은 이라크 바스라 정유 공장, 파나마 메트로 3호선 등 해외 대형 공사가 본격화된 데 따른 것으로 보인다. 삼성물산 건설 부문은 2022년 상반기 매출액이 6조 3780억 원으로 전년 동기 대비 17% 증가했다. 영업이익은 3100억 원으로 25% 늘었다. 대만과 방글라데시 공항 공사, 아랍에미리트(UAE) 초고압직류송전망(HVDC) 공사 등 해외 프로젝트와 삼성전자 평택 공장 건설이 본격화된 영향이 크다.

이처럼 해외 사업이 많은 건설사들은 그나마 선방한 모습이다. 그러나 철근, 시멘트 등 원자재 가격이 추가 인상될 것으로 보여 주요 건설사의 2023년 실적 전망은 다소 감소할 가능성이 있다.

#세컨드 하우스

'세컨드 하우스'란 별장처럼 쓸 수 있는 두 번째 집을 의미한다. 코로나 사태의 장기화는 사람들의 일상생활뿐만 아니라 주거 환경에도 막대한 영향을 미쳤다. 과거에는 휴식을 위한 공간을 마련하려면 큰 비용과 시간을 들여 '별장'을 사야만 했다. 그러나 최근에는 훨씬 적은 비용으로도 만족할 만한 휴식을 즐길 수 있게 되었다.

언택트, 딥택트 등 사회 전반적으로 비대면 문화가 확산됨에 따라 '세컨드 하우스'가 재조명되고 있다. 세컨드 하우스는 상황에 구애받지 않고 언제든 이용 가능한 데다 대인 접촉을 최소화한 안전한 휴식 공간으로 인식되면서 수요자들의 관심을 끌고 있다. 50~60대 은퇴 예정자 외에도 30~40대 직장인들 역시 세컨드 하우스에 대한 관심이 높아지고 있는 추세다. 제주도, 강원도 속초시, 부산시 해운대구 등 소형 면적 위주로 거주와 임대 둘 다 가능한 수익형 부동산 형태의 세컨드 하우스가 새로운 트렌드로 자리잡고 있다.

참고문헌

· 권성중, 〈건설업계 채용 시장의 신(新) 트렌드… 안전자격증〉, e-대한경제, 2021.7.16.
· 김성은, 〈"10년 전과 달라"…돈 되기 시작한 재활용 섬유〉, 머니투데이, 2022.7.20.
· 김영도, 〈2022년 은행산업 전망 및 주요 경영과제〉, ifs POST, 2022.2.1.
· 김지영, 〈2400만 명 가입했지만…독식 우려 지적도 [마이데이터 시행 4개월]〉, 서울경제, 2022.5.5.
· 박윤구, 〈MZ세대 주축되니 인재상도 변하네, 핵심 키워드는 '책임감' '소통' '성실'〉, 매일경제, 2022.3.2.
· 박준형, 〈건설사 실적 희비…삼성물산 '훨훨' 대우건설 '뚝뚝'〉, 매일경제, 2022.8.8.
· 신동윤, 〈[한장TECH] 2022년, 고도화 기대되는 스마트팩토리〉, 테크월드, 2022.4.4.
· 엄재성, 〈2022년 기계 산업, 수요 산업 호조에 힘입어 성장세 지속〉, 철강금속신문, 2022.2.24.
· 오상미, 〈국내 조선업계, 2022년 상반기 선박 수주 세계 1위〉, 기계신문, 2022.7.6.
· 윤진우, 〈삼성 · LG, OLED 집중하는 이유 여깄네…모니터 · 태블릿 · 자동차 수요 급증〉, 조선비즈, 2022.8.16.
· 이경남, 〈[마이데이터 100일 上] 금융권 뒤흔들었다〉, 비즈니스워치, 2022.4.14.
· 이서영, 〈현대건설 2분기 영업이익 1754억 원…작년보다 24.4% 증가〉, 서울파이낸스, 2022.7.22.
· 이성진, 〈LG디스플레이, 'OLED 대세화' 적중… TV 패널 '글로벌 1위' 탈환〉, 뉴데일리경제, 2022.3.21.
· 이지완, 〈구매의향 '쑥쑥'…전기차로 고개 돌리는 소비자〉, 이코노미스트, 2022.8.16.
· 채선희, 〈"1000여 명 뽑는다"…5대 은행 채용 담당자가 밝힌 '합격팁'〉, 한국경제, 2022.9.20.
· 최동훈, 〈현대차, 2022년 2분기 영업익 2조 9798억 원…전년비 58%↑〉, 이코노미리뷰, 2022.7.21.
· 정지은 · 배성수, 〈삼성전자, 반도체로 버텼지만…"하반기엔 모든 사업이 첩첩산중"〉, 한국경제, 2022.7.28.
· 정지은, 〈LG전자, 기록적 매출에도…TV 사업 189억 적자 '비상'〉, 한국경제, 2022.7.29.
· 정혜진, 〈"이대로 5년 내 TV 종말 현실화" 미(美)서 케이블TV도 넷플릭스에 밀렸다〉, 서울경제, 2022.8.20.
· 정정숙, 〈2022 섬유패션 상장 70사 상반기 결산 – 패션 · 의류 수출, 리오프닝 효과로 성장 · 내실 다 잡았다〉, 한국섬유신문, 2022.8.18.
· 고용정보원, 《2022년 하반기 주요 업종 일자리 전망》, 고용정보원, 2022.